だいじょうぶ!「共育」でわが子は必ず伸びる

Kimata Tokuhiro
木全徳裕

〝日々感動〟の実践から生まれた教育論

くもん出版

だいじょうぶ！
「共育」でわが子は必ず伸びる
―〝日々感動〟の実践から生まれた教育論―

教育界に光明

「だいじょうぶ！」の名著誕生。本当にその通りです。

この言葉には、私もたいへん勇気づけられました。題名がそのまま内容を表現している本。読後の率直な感想です。

著者・木全徳裕先生のご指導に従えば、子どもさんの学習効果が期待できるばかりでなく、これまで勉強につきまとっていた〝苦痛〟を、〝乗り越える喜び〟に変えていくことができると確信しました。

もともと、苦痛の原因は強制にあると思います。何事であれ「強制されていたこと」から自発的に進んで取り組めることへの転換さえ可能になれば、これ以上成果の上がることはないわけです。とくに、子どもさんたちに伸びてほしいならば、まず自ら進んで取り組みたくなるような環境を与えてやること。教育の原点はそのことに尽きるのではないでしょうか。

ところが、教育の歴史が始まって以来、親と子の間に繰り返されてきたこの課題に対して、決定的な解決策が見出されないまま今日まで経過してきたのが実状でした。

教育の難しさについては、今は亡き実践教育者の森信三《もりのぶぞう》先生も書き通しておられます。曰《いわ》く「教育という仕事は、流水のうえに文字を書くようなはかない仕事である。しかしそのはかない仕事を巌壁《がんぺき》に刻み込むような真剣さをもって取り組まなければならない」

今まで、なかなか思い通りの成果が上がらなかった教育現場に、唯一、明るい光明を灯したのが公文式教育だと言っても過言ではないと思います。とりわけ木全先生が上梓《じょうし》された本書には、ご自身の実践を通して体得された教育法が、具体的に述べられております。そして、たくさんの実例が紹介されております。この本は子を持つお母さんがたにとって、一大光明の書となることはまちがいありません。

私の好きな言葉に、河井寛次郎《かわいかんじろう》先生の「過去が咲いている今、未来の蕾《つぼみ》で一杯な今」というのがあります。過去、誤った教育によって、伸びることができなかった子どもさんも、未来に開く蕾を必ず持っております。その蕾を満開にするためにはどうすべきかが、この本には書かれています。まさに「わが子の教育に必読の良書」と確信いたしました。

最後になりましたが、このような良書を世に出していただいた木全徳裕先生に、改めて、感謝を申し上げます。ありがとうございます。

二〇〇一年　八月

株式会社イエローハット　相談役　鍵山秀三郎

私を育ててくれた両親に捧ぐ

まえがき

『銀《しろがね》も　金《くがね》も玉も　何せむに　勝《まさ》れる宝　子にしかめやも』

万葉の歌人・山上憶良《やまのうえのおくら》は、こんな短歌を残しています。どんな金銀財宝よりも子どもが宝、という意味です。ところが最近は、そういう親としての本来の喜びをどこかに置き去りにしてしまったのかと思うような、幼児虐待などのいまわしい事件が増えています。

また、身の毛もよだつような、ある少年事件後のニュースで、次のような世論調査が報道されていました。「自分の子はちゃんと育てる自信がありますか」との問いに対して、過半数が「あまり自信がない」と。まさに、現代の子育ての不安を象徴している結果といえるでしょう。

そういう不安の多い時代にあって、自分の心のなかに〝ゆるぎない軸〟を持った子育てをするために、少しでもお役に立てば……、との熱き思いでまとめたのが本書です。

私は、教育者としてはまだ駆け出しにすぎません。しかし、その間、全身全霊で打ち込んできたせいか、子どもたちと、そして親御さんたちとの間で、さまざまな感動のドラマを経験してきました。

それらの貴重な体験のなかの、どうしてもお母さんがたにお伝えしたい内容を冊子にしましたところ、口コミで広まり、三〇万部を印刷するほどの反響をいただくことができました。そして、読者からの感想は、子育てを見つめ直す反省文や、自分自身の生き方を考えさせられた、というような内容で埋め尽くされていたのです。

「たくさん出ている子育ての本はどれも、『わかっているのよ。そうしたほうが良いことは。でも、私にはレベルが高すぎて、実践するのは、まず無理ね』とあきらめてしまうことが多かった。ところが、この冊子は、読むと気が楽になり、不思議と行動を起こしたくなった」

「社内の若手に対する接し方にも応用できるものだ」

「子育ての本だと思って読みはじめたが、自分の仕事に対する考え方、生き方を教えられた」

など、私のほうがとても勇気づけられました。そんな声に後押しされて、大幅な改稿と新たな原稿を加えてできあがったのが、この本です。

生まれたときは、かわいくてたまらなかったはずのわが子に対して、毎日イライラしどうしで、気がついたら怒鳴っている。そんな自分が情けなくなってしまうものの、だからといって、どうしていいかわからない……、子育てしていくうえで、そんな気持ちになるのは、ある面、仕方がないと思います。

よく「主人が勉強を見ると、冷静に対処しているんです。やっぱり女はダメなんですかねぇ。感情的になって……」と落ち込んでしまうお母さんがおられます。私はそんなとき、こう答えています。「とんでもない。その冷静なお父さんがもし〝主夫〟で毎日子どもを見ていたらどうなると思います？きっと、『何回言わせたら気がすむんだぁ。いい加減にしろ！』って怒鳴っていますよ（笑）。イライラするのは、男か女かの違いではなく、子どもと接する時間の長短によって決まるんじゃないでしょうか」と。

するとと、「先生と話しているだけで勇気がわいてきました」と多くのお母さんがおっしゃいます。私は、こんなふうに葛藤《かっとう》しているお母さんがたが大好きです。日々反省をくり返しながら子育てに奮闘している。この本は、そんなお母さんがたへのエールでもあります。

ところで、本書のなかには、「お母さん」という言葉がたくさん出ています。しかし、これはなにも、お母さんだけを対象にしているというわけではありません。いや、それどころか、一人でも多くのお父さんに、子育てに参画するうえで、ぜひ読んでいただきたいと思っています。ただ、私自身の現場経験では、子どもの教育に〝直接的に〟関わっているのは、一般家庭の場合、そのほとんどがお母さんでしたので、そういう表記の仕方をしたに過ぎません。

いま、教育が問い直されていますが、家庭教育のなかで大切なのは、いかに子どものやる気を育み、どんな道筋をたどって自立に向かわせ、社会に貢献できる立派な人間に育てるのかだと思います。私はここに教育の醍醐《だいごみ》味を感じます。本書が、皆様の子育てに、何がしかの参考になれば幸いです。

教育界に光明　鍵山秀三郎　2

第二章 素敵なお母様への道 59

第三章 私が選んだ教育法「公文式」 121

装丁　島田拓史
装画　多田　順

序章

未来をつくる仕事と出会って

「うちの子はアホでまぬけで、ほんとどうしようもないんですわぁ。〔3＋2＝7〕って言うんですよぉ。信じられますか。ほんと情けないったらありゃしない！」

電話口でがなりたてる声が響きました。鈴木さん（仮名）との衝撃的な出会いでした。

対面すらしたことのない私に、わが息子がいかに頭が悪いか、ということをヒステリックに延々と話し続けられるのです。子どもの名は平蔵くん（仮名）。小一になったばかりの七月のことです。

「〔3＋2＝5〕と、いまから一〇回言いなさい!!　と言ったら平蔵がとぼけた声で、（息子をまねて）さん　たす　にー　は　ご。さん　たす　にー　は　ご……。ほんで直後に〔3＋2〕は？　と聞くと『5』と答えるんですけど、一時間ほどあとにもう一回聞くと、また、のほほんと『うんとぉ、7』と答えるんです（怒）」

なに考えてんねん、うちの子は！　あまりのショックで頭に血が上っていたときに、同じ学年のお友だちが遊びにきたとのこと。

お友だち「ぼくなぁ、算数得意やねん」

お母さん 「ふーん。(ちょっぴり意地悪に) じゃぁ、〔15＋6〕はいくつ?」
お友だち 「(元気よく即答で) 21!」
お母さん 「…………。(なんてこと。うちの子は〔3＋2＝7〕って言ってるのに、同じ学年の友だちはくり上がりのたし算まで即答なんて。そんなバカな!)」

この平蔵くんの友だちとお母さんのやり取りが事実上、私の教室に問い合わせをするきっかけになったそうです。

とにかく、こんな話を延々と続けられ、そのうえで、

「ほんと、どうしたらあんなバカになるんでしょうか! 私なんか、子どものころはすごく勉強できましたし、できなかったら悔しいって気持ちがあったんですけど、平蔵にはそういう気持ちがまったくないんです(怒)。もう、どうしようもありませんわ」

いきなりかけてきた電話で、鈴木さんがあまりに攻撃的に話されるので、ふだん穏やかに話すことを心がけている私も、つい激しい口調で受け答えしました。

――お母さん。お子さんが〔3＋2＝7〕なんて言ってるんだったら、確かに教室に来て勉強したほうがいいでしょう。でも、彼だけじゃないですよ。お母さんも〈子どもへの接し方〉を学ばないと。その調子でお子さんに接していたら、お母さんは将来、別のことで悩むことになるかもしれませんよ。

私が強い口調で答えてしまったので、お母さんも売り言葉に買い言葉です。

お母さん「どんなことで悩むっていうんですか⁉」

――大好きなお母さんから、いつもそんなふうに〈言葉の暴力〉を受けて育ったら、子どもはぐれても当たり前。一〇年後ぐらいにはお母さんが、『なんでうちの子は非行に走ったんだろう』って悩みだすかもしれませんよ。電話ではなんですから、とにかく、一度教室へお越しください。じっくりお話ししましょうよ。

お母さん「とことん、話し合おうじゃないですか！」

さて、私は、いつもどんなお母さんとも、初めての面談に、最低一時間半は割くようにしています。長い人なら二時間以上かけることもあります。こちらの考えを伝えるだけでなく、そのお母さんの子育ての考え方・悩み・葛藤《かっとう》・家族の関わり、その他もろもろをでき得る限り知りたいからです。

このお母さんのときは、三時間半にわたりました。

お話をじっくりうかがったうえで、今度は穏やかにいろいろお話ししたのですが、「先生の言葉はしょせん理想論に過ぎません」と反発されることが続いたからです。でも私は、必死でお母さんに訴えました。

「確かに理想論かもしれません。でも、それができるようになりたいと思って努力していたら、半年、一年経って、ふと自分を振り返ったとき、子どもへの接し方のレベルが向上しているものなんです。それが結果的には、わが子がすくすく育つことにもつながるんです。平蔵くんも、これから学習し、努力していきますよね。お母さんも、いっしょに努力していきましょうよ。ほかならぬお腹《なか》を痛めた子じゃないですか」と。

こんな話をしましたが、教育というのは、実行に移すところからが難しいのです。〈子どもへの接し方はかくあるべき〉というのを納得してもらえたからといって、翌日から、すぐにできるようになるのなら、だれも苦労はいりません。

これは、ドラマの始まりにすぎなかったのです。

さて、そういうお母さんに育てられた平蔵くんでしたが、ほんとに礼儀正しいんです。初めて彼が教室に来たときのこと。

平蔵くん「今日はどこに入っているプリントをするんですか」

――ここだよぉ。この冊子にはさまれているところを解くからね。

平蔵くん「わかりました。宿題はどこに入っているのを持って帰るんですか」

――このファイルのポケットに入っているところだよ。

平蔵くん「わかりました」

なんて、いい子だろ。あの、わが子をガンガン罵倒《ばとう》するお母さんの子とは思えないな。これが平蔵くんを初めて見たときの正直な感想です。

ところが、彼は一週間経っても、二週間経っても、相《あい》も変わらず「今日はどこに入っているプリントをするんですか。今日の宿題はどこに入っているんですか」と聞くんです。こりゃえらいこっちゃ。礼儀正しいのは、もしかしたらお母さんが怖いからかもしれない。いずれにしても、覚えようとする気がないな、こう感じました。それ以降、彼の質問にすぐには答えないようにしました。自分で考えさせることを習慣づけていったのです。平蔵くんが少しずつ変わっていくのがわかりました。

いっぽう、お母さんのほうはといえば、相も変わらず私に対して攻撃的です。私の教室では、定期的に〈座談会〉というのを行い、子育ての悩みを参加者がさらけ出し、他のお母さんがたの知恵から互いに学び合うという〈場〉をつくっています。その座談会でのこと。**ほかのお母さんたちは、お出しした冷たいお茶をつつましやかに飲んでおられたのですが、このお母さんは、遅れてきたばかりか、険しい表情でふてぶてしく入ってきて、まずは駆けつけ三杯のお茶を一気に飲みほし、それから体を斜めに向けて座り、足を組み、腕を組み、私をにらみつけたのです。**

座談会が終わりに近づいてきたとき、私は、「何か発言したいことがあるようですね、鈴木さん」と水を向けました。すると、「山ほどありますわぁ。いつも言ってるように、あんたがたの意見はしょせん理想論なんですわぁ」と。周りのお母さんがたは、唖然《あぜん》としておられました。

ただ、不思議なことには、それほど私に対して攻撃的な鈴木さんなのに、私の教室に平蔵くんを預け入れてくださるし、文句を言いながらでも座談会に足を運んでくださる。このお母さんは、自己表現のしかたは稚拙《ちせつ》かもしれないけれど、わが子のことは心配で心配でしかたがないんだな。少なくとも、このお母さんと私は、平蔵くんを伸ばしたいということに関して完全に一致している。そこにお母さんが変革するカギが必ず隠されているはずだ。そんなふうに感じたのを覚えています。


平蔵くんがちょうどたし算の教材を解いていたころの話です。〔3＋2＝7〕と答えていた彼も、そのころには〔7＋8＝15〕と即答できるようになっておりました。教室では常に私が注意深く見守っていましたが、一生懸命たし算を解いており、できたことを私が認めたり、ほめたりすると、それはそれはうれしそうな顔を見せてくれたのです。その笑顔を見ているだけで、私は目がウルウルしてきました。一人の子どもを救いつつある、そんな気持ちになれたからです。

ところが、ある日のこと。事件は起きたのです。平蔵くんのとった行動が、お母さんの逆鱗《げきりん》に触れたのです。あまりに怒り心頭《しんとう》に発したお母さんは、なんと本人を目の前にして私に電話をかけながらの大芝居をうったのです。

「もしもし、木全先生ですか。平蔵があまりにだらだら宿題を解くんで、もう先生にお世話になるのをやめさせますわぁ」

そのときの平蔵くんの反応はすさまじいものでした。いままでは、どんなことをお母さんが言っても、怖さのせいか「はい」と素直にうなずいていたのですが、そのときの彼は、家のなかを右に左に狂ったように走り、壁に頭を自分からぶつけながら叫んだというのです。

「ぼくがせっかくかしこくなろうとしているのに、お母さんはなんでそれをやめさせようとするんやぁ」

そして、仕事に出かけているお父さんに電話をして、

「いますぐ帰ってきてお母さんを叱《しか》って。ぼくが、一生懸命勉強してかしこくなろうとしているのに、お母さんがそれをやめさせようとするんやぁ」と。

どうでしょうか。ふつう、こんな反応を子どもに見せられたら、「自分はなんてひどい母親なんだ!」と悲嘆にくれてもおかしくないんじゃないでしょうか。ところが、このお母さんは当時、まだまだこんなことでは、反省する気持ちすらおきなか

ったのです。平蔵くんの走り回った様子を、とくとくと私に電話で聞かせたあと、こう続けられたのです。

「平蔵がねぇ、家のなかを走り回って、疲れきって座りこんだのを見て言うたったんですわぁ。『そのぐらいのエネルギーがあるんやったら、それを勉強に向けたらどないや！』ってね」

「なんて、親なんだ！」

私はあいた口がふさがりませんでした。そうこうするうちに、平蔵くんには〈不登校〉の初期症状が現れました。学校へ行っても早い時間に泣きながら帰ってくるのです。ここに至って、お母さんの悩みは倍増しました。お母さんにとっては、なぜ、わが子がそんな行動を取るのかわかりません。しかし、私のほうにしてみれば、かわいいわが子に、どうしてそこまで言葉の暴力を浴びせ続けるのかがわかりません。どこかに解決の糸口となるものはないかと面談を重ねていきました。

そんななか、お母さんは私に少しずつ心を開きはじめたのです。そして無意識のうちに子どもにきつい言葉を浴びせてしまうおもとの悩み、葛藤、苦しみを少しずつ語りはじめたのです。

あるときの面談では、私は〈聞く〉ことに徹しました。三時間半以上、ただひたすらお母さんのお話に耳を傾けていたでしょうか。そうです。当時の鈴木さんは、私の想像をはるかに上回る、自分自身の深い悩みを、心に抱えていたのです。

本人のプライバシーに関することですので、詳しく書くわけにはいきませんが、自分がどんな人生を歩んできて、どんな苦しみを味わってきたか、涙を流しながらお話ししてくださいました。お母さんの精神状態が乱れはじめたころから、それまで何ともなかった平蔵くんにもさまざまな症状が現れはじめたというのです。おうかがいしていて、私のほうも涙が出てきそうでした。

人にはそれぞれうかがい知れない事情がある。それを知らずに、先入観で人を判断するなど、とんでもないことだ。「なんてひどい親なんだ」と少しでも思った自分に対して恥ずかしさでいっぱいでした。

お母さん自身が、いちばん触れてほしくないはずの自分の過去を私にさらけ出してくださったときから、お互いの信頼関係は急速に深まり、お母さんの態度も一変しました。しかし、そこから今度は〈涙の電話〉の連続でした。週二回の教室日ごとに電話が入ったのです。

お母さん「(涙ながらに) うちの平蔵のような子でも、少しはかしこくなって、学校についていける程度にはなるんでしょうか」

——もちろんですよ。お母さんと私は、平蔵くんを伸ばしたい、という点で完全に一致しています。そして、そのためにどうすべきか、お母さんはいま、まさに葛藤しておられる。そうやって葛藤されるお母さんだったら、だいじょうぶ、必ず伸びますよ。

そうやって四〇分ほどの電話が終わっても、次の学習日前には、また同じことがくり返されました。**私の話はいつもいっしょ。「だいじょうぶですよ」ということをお伝えするばかりでした。**毎回、同じ話をひたすら聞き、私も同じことをお伝えすることは、正直いって精神的につらいことでした。しかし、お母さんの悩みや苦しみを知った私にとっては、ここでもし私が見捨てるような態度を取ったら、このお母さんはきっと絶望される。このお母さんを救うのは私しかいない。そんな妙な正義感が芽ばえていたので、私自身も全身全霊で電話を受けるよう心がけていたのです。いつ終わるともしれない電話、電話……。まさに根比べでした。

でも、教育ってのは本当におもしろい仕事です。一度感動を味わったらやめられません。そのお母さんからある日、素敵な素敵な一通のお手紙をいただいたのです。ちょうど平蔵くんが私の教室に来て、一年経ったときのことでした。


一年の三学期頃から学校が嫌いになり、元気のなかったヘイゾウでしたが、最近少し生意気になってきました。何を言っても言い返してきますし、遊ぶ子がいない時は、勝手に探して遊んでいる様です。

とにかくおおらかに、ただそれだけを思い続けています。たくさんほめてあげ、良くない事をした時、ただのわがままな時だけ、きつく叱《しか》る様にしています。**まだ私自身が変わらなければ、ヘイゾウ自身を変える事はできないのだと思います。**

即効性を求めていても、それは、絶対、無理なのですから。

他の子にはとてもおおらかで優しく接する事ができるのに、自分の子どもとなるとすぐ感情的になり、いつも反省しています。**自分は自分でいいんだという自信をヘイゾウに持ってもらいたいと心から願っています。**


（原文から一部抜粋／太字の強調は筆者による）

この手紙をいただいたときには、初めて電話でお話ししたころのお母さんとは別人のようでした。平蔵くんの学習も、初めのころとは比べものにならないぐらい、順調に進みはじめていました。そして、その半年後、平蔵くん一家は、転居にともなって別の教室へ移られたのです。

さて、この変化があったとき、初めは「私が鈴木さん自身を変えることができたんだ」などと、いまから考えると本当に傲慢《ごうまん》極まりないことを思い、悦に入っておりました。しかし、いろいろ経験を重ねるうちに、そうではないことに気づいてきたのです。

鈴木さんが初め、私の話を聞き入れてくださらなかったのは、私自身が謙虚さを失い、「私がこのお母さんを変えよう」と傲慢にも思ってしまったところに原因があったのです。

私自身があるがままの鈴木さんを受け入れようとしたころから……、私自身が鈴木さんの苦しみ、葛藤に耳を傾け、心から共感したころから……、鈴木さんも私の話を素直に受け入れ、実行してみようとしてくださるようになったのです。つまり、私自身が成長したことが、結果的に鈴木さんに良い影響を与えたのだと、いまは思っています。
教育という仕事の、何ともいえないおもしろみを感じるのは、こんなふうに、〝この子を何とかしたい〟と思って無我夢中になっているとき、ふとわれに返ると、自分自身が成長していることに気づくことです。感動しながら、自分も成長できる。教育の仕事は、はまったらやめられません（笑）。

短く書いたこのエピソードだけでも、私の人生の忘れられない一ページなのに、私にはこんな経験がたくさんあり、いまも日々進行中なのです。こんな素晴らしい教育の仕事に出会うことができて、私はいま心から感謝しています。

こうした感動を糧《かて》に仕事をしている私ですが、以前は、教育とは無縁の世界にいたのです。

☆

「本日午後二時からの記者会見でわが社はO社との合併を発表する」

部署ごとに届いた一枚のファックス。それはまさに、寝耳に水の出来事でした。

そこに、全社員への社長メッセージ。従業員のみんながぬるま湯に浸り、批判ばかりをしているからこうなったというような内容だったのです。

「何を言ってるんだ。経営責任をすべて社員のせいにするなんて。〝従業員が幸せになる会社にする〟との創業者の理念でここまできたのに、あんたがそれをぶっ壊したんじゃないか」

ショックは社長に対する怒りへと変わりました。

企業合併が当たり前のいまの時代なら、多少はショックも少なかったのかもしれません。倒産しないだけマシと思えたのかもしれません。しかし、当時の私にとってその宣告は倒産にも等しい衝撃だったのです。

私は某メーカーの工場で、原価管理の仕事をしていました。**自分なりに全力で仕事に取り組んでいたと思っています。ただ、そこに、「人に感謝されるような仕事をしたい」とか、「この仕事を通じて社会に貢献するんだ」という気持ちは完全に抜け落ちていました。**直属上司からは、どんどん責任の重い仕事を任されはじめていたこともあり、傲慢になりかけていたうえに、当時若くてまだまだ血気盛んだったせいでしょう。社内でも他部署の上司としょっちゅう衝突していたのを覚えています。いまから思うと本当に恥ずかしい日々でした。

そんな矢先に起きた合併劇。初めはショックや怒りが私を支配していましたが、冷静になるにつれ、自分の人生を真剣に考えるようになってきました。**素直な心で自分を見つめはじめると、いままでの〝一〇〇％自分さえよければいいという生き方〟や〝自分のことは棚に上げて、経営陣だけを批判していた私自身の仕事に対する姿勢〟がとたんに恥ずかしくなってきたのです。**個人の力ではどうしようもない社会の波。

「自分はいったい何のために働いているのか。仕事って何なんだろう」

そんな思いに悶々《もんもん》とする日々が続きました。

話は少し横道にそれますが、父は私と違って心底、仕事にほれ込んでいました。小学校高学年のとき、筑波大学に単身赴任していた父のエピソードをよく母に聞かされたものです。なかでもよく覚えているエピソードにこんなのがあります。

父は哲学思想の専門家。肩書きだけで見れば典型的な文系の人間ですが、理系の分野も得意で、なおかつ車が大好きだった父は、若いころトヨタ自動車工業（現・トヨタ自動車）によく手紙を書いていたそうです。するとある日、トヨタの役員からお手紙が。「あなたの手紙をいつも役員会議で回覧している。よかったらトヨタに来ていっしょに働きませんか。とにかく履歴書だけでも送ってください」と。当時からトヨタは伸び盛りの企業。加えて父はトヨタの車が大好きです。**にもかかわらず、父はトヨタへ行くことを迷うことなくあっさりお断りしたというのです。曰《いわ》く「私はいまの自分の仕事が大好きです。死んで生まれ変わっても、同じ仕事がしたいと思っているぐらい好きで好きでたまらないのです。**ですからありがたいお誘いですが……」

また父は、私が幼いときに風呂でこんな話をしてくれました。洗面器に入れた水を手前にかき、流れてきた水が、やがて壁面を伝って向こう側に流れていくのを見せながら、**「徳裕《とくひろ》、よく見てごらん。自分に自分にと水をかけばかくほど、水は反対のほうへ行くだろう。逆に、向こうへ向こうへと水を押すとどうだ？　水は自分にもどってくるだろう。人様のためになるような行動をしていると、結局は自分に返ってくるんだよ」**と。

こういう話をされていたにもかかわらず、社会人になった私といえば〈自分さえよければいい〉という生き方。父は私が高一になったばかりのときには他界し、影響が薄らいでいたこともあってか、洗面器の話など、思い出しすらしませんでした。そんな私も、合併ショックのあと、走馬灯のように頭を駆け巡ったのは、トヨタの話と洗面器の話でした。父は「死んで生まれ変わっても……」という気持ちで仕事に取り組んでいたのに対して、自分はとてもそんなふうには思えていない。

「私も生涯かけるにふさわしい仕事がしたい。それも、いままでのような一〇〇％自分のための仕事ではなく、人様から多少なりとも感謝される仕事をしたい」

そんな想《おも》いがあふれてきたのです。

合併が決まって、人生を模索するために読んだ本のなかには、公文式教育法の創始者である公文公《くもんとおる》氏の著書もありました。そして、大学時代にアルバイトとしてやっていたテニスレッスンを思い出しながら、おこがましくもこう考えたのです。「私のレッスンの発想を勉強に応用したものが、まさに公文式とはいえないだろうか」と。

さらに詳しく知ろうと公文公氏の本を熟読してみると、「公文式は、けっして学力をつけることだけが目的ではなく、数学なら数学をとおして自習する経験と方法を学ばせてきたこと、そして、学習を通じて〝人生いかに生くべきかを考える子どもに育てる〟」という驚くべき内容が書かれていたのです。

「私は、社会人になって何年も経ってから〈人生いかに生くべきか〉を考えているが、それを子どものときから考えさせる教育――、そんなことが可能なんだろうか。

でも、事実としたら公文式というのはすごく魅力のある教育法だ。未来を担《にな》う子どもたちに自分のような回り道をさせたくないし、それ以上に、私自身が心底、人様から感謝されるような仕事を、この教育法を通じて実現してみたい」

そんな想いが募《つの》ってきたのです。

「よし！　自分の人生をこれに賭《か》けてみよう」

そんな気持ちから、公文教育研究会への転職を決意したのです。

そして出会った子どもやお母さんとの感動的なドラマの数々。平蔵くんの話も数あるドラマの一つに過ぎないのです。まさに〝日々感動〟といった感じです。

やがて、私はこう考えるようになりました。

「教育の仕事ってすごい！　こんなに感動する仕事がほかにあるだろうか！　政治も経済も混迷をきわめているうえ、社会のモラルも著《いちじる》しく低下している。これは教育の問題だ。子どもの成長は、その子個人の将来だけではなく、ひいては社会全体の活性化にも、多大な影響をおよぼすことになる。教育とは未来をつくる仕事。まさに自分の一生をかけるにふさわしい仕事だ。この仕事を通じて、自分自身を磨き、子どもたちとともに日々成長していくぞ」と。

第一章

子どもたちへの真の財産とは「教育」

〝日々感動〟を糧《かて》に子どもたちといっしょに伸びていこうと

している私ですが、日本の現状が気になってきました。

お父さん、お母さんの育ってきた環境とは、ずいぶん違ってきています。

まずは、現実を素直な目で見ていこうと思います。

憂《うれ》えるべき日本の現状

定職に就《つ》かない、いえ、就こうとしない子どもたちが年々増えています。お子さまが幼児や小学生というお母さんにとっては、先の話なのでピンとこないかもしれませんが、**「もしも、わが子がこうなったら?」と考えてみてください。ゾッとしませんか?**

二〇〇一年二月一日付の日経新聞のコラム「教育を問う」には、〈ゆたかさに溺《おぼ》れる〉と題して、次のような記事が掲載されていました。

二十七歳。フリーター。この若者は早大に八年間在籍し昨春卒業。「何となく大学に入ったけれど、やりたい仕事は見つからなかった」。昨年六月に営業マンとして入社した会社は三ヵ月で退職。今は、アルバイトすらほとんどしていない。六十歳を超す父は「定職に就いて家を出ていけ」とうるさい。だが、一人暮らしにも踏み出せない。一生親の庇護を受けて暮らせないことは理解している。**「でも、一つの仕事を十年も続けるなんて僕には無理**

だ。先のことは考えないようにしている」。学校卒業後も定職に就かず、アルバイトなどを転々とするフリーターが増えている。労働白書によると、一九九七年のフリーター数は一五一万人と、五年間で五十万人も増えた。大卒者の四人に一人が進学も就職もしない。日本労働研究機構の分析では、今、技能習得や演劇修行のための「夢追求型」のフリーターは三割にも満たない。多くが「何となく」フリーターを続ける。（以下略）

（太字の強調は筆者による）

「やりたい仕事は見つからなかった」という言葉には、若者であるにもかかわらず、仕事への夢も、「よし、いっちょやったるか」といったような気概もいっさい感じられません。

同じフリーターでも、夢追求型はまだいいと思うんです。たとえば、将来作家を目指して日々小説を書いているが、当面食べていけないのでフリーターをして食いつないでいる、というような。でも、いまの若者たちの問題は違うんです。何となくフリーターを続け、先のことは考えない、いまさえよければそれでいい。悲しいかな、こういう考え方が日本の若者の多くに蔓延《まんえん》しているのが実態なのです。

では、なぜこんな若者が増えたのでしょうか。**社会的な要因ももちろん大きいで**

しょう。しかし、そういう外部要因を排除して考えてみたときに、いまの若者の多くが、〈挑戦心や忍耐力を育ててこなかったために、自分の力で成し遂げたと実感できるものが少なく、結果として自己肯定感を持てない〉という、本人自身の要因も大きいように思うんです。

といいますのも、ここ数年のうちに私が出会った若者のなかには、学ぶことにどん欲で、情熱的かつチャレンジ精神旺盛《おうせい》な若者もたくさんいるからです。前述の新聞記事にあるような、努力もせず、一つの仕事を一〇年も続けるなんて無理とあきらめる情けない若者とは大違い。ですから、多くの若者がフリーターに流れる理由を「社会的要因ばかりにはできないぞ」って感じるんです。いまの子どもたちが、前向きな若者たちと同様の資質を、社会に出るまでに身につけることができたなら、どれほど楽しみなことでしょうか。何歳になろうとも、自分の夢、やりたい仕事に向かってまい進していこうとするに違いありません。

もちろん、社会的要因にまったく左右されないことなどあり得ませんが、それに打ち勝って、がんばろうとする意欲を持つと思うんです。ところが、残念ながら、いまの子どもたちの多くは、学年に関係なく〈努力する〉ことが嫌いです。

以前、『クローズアップ現代』（ＮＨＫ）で、高三になって進学も就職もしようとしない生徒が、社会問題になるぐらい増加している、という内容を放送しておりました。全国で一三万人。比率にして約九・三％。東京都に限れば、対象の約二〇％にのぼるというんですから尋常ではありません。ある女の子は、ブティックに勤めたいといって就職係の先生のところにやってきたのに、求人がないことがわかると、あっさりフリーターの道を歩むんです。また、別の男の子は、中華料理店に勤めたいという夢があったにもかかわらず、試験会場に行ったら受験者数が多かった……、という理由ですぐさまあきらめ、またまたフリーター。チャレンジ精神がまったくないうえに、夢を実現するまであきらめないぞ、というような気概がまったく感じられません。こういう考えを象徴しているのでしょう。いまの子の好きなことわざは「棚からぼた餅」。嫌いなことわざは、「石の上にも三年」だそうです。

希望に燃え、情熱を持った若者が顕然として存在していることは、希望の光ではありますが、このまま〈棚ぼた好き〉で〈いまさえ楽しければいい〉という若者が激増していけば、二一世紀、せっせと働いているのは、定年を越えた人たちや真面目に働く外国人ばかりで、多くの日本の若者は街でたむろしているだけ……、というような悲惨な状況になりかねません。

さらに、国際教育到達度評価学会の調査（一九九四〜一九九五年）によれば、日本の中二の、塾を含めての校外勉強時間は、調査対象三九ヵ国中、三一位。また、中一の数学の授業時間数は先進国中最下位（『国立教育研究所紀要』より）。このように、勉強時間数も授業時間数も、世界で下から数えるほうが早くなっているんです。

勉強時間は、このときの調査より現在のほうがもっとひどくなっているに違いありません。その原因のなかでも私は、携帯電話の普及が大きいように思うんです。先日、ニュースで見たのですが、いまの一〇代の子どもたちが、携帯電話に使う金額は、メール中心でなんと月平均、一万円弱。極端な子になると、一日の半分もの時間を携帯とにらめっこしてるとか。これじゃぁ、勉強してられませんよね。確かにここ最近、小学校高学年以上の子どもを持つお母さんから、「勉強部屋に入って静かにしていると思ったら、メールばっかり。どうしたらよいか」という相談が増えてきています。

憑《つ》かれたように携帯メールをしていることによる学習時間の減少が、日本の学力低下をさらに後押ししてしまっている、ともいえるのではないでしょうか。

全世界から注目の的！ インドの人材

ご存じでしょうか？ インドでは、小学校低学年の間に〔9×9〕までのかけ算にとどまらず、〔20×20〕までを暗算で覚えさせるんですよ。また数学の分野でも、日本と比べると、四則計算や分数、小数など主な分野のほとんどで、インドのほうが一〜二年、先に教えます。そして、六年次で、早くも〈算数〉から本格的な〈数学〉へと切り替わるんです。

インドの人材の素晴らしさは、全世界の企業からの注目の的です。デリー、ムンバイなど全インドに六つあるインド工科大学には、マイクロソフト、インテルなどからの寄付が相つぎ、卒業を控えた学生たちには、世界中のＩＴ*（情報技術）企業から青田買いが殺到しています。入社と同時に一〇万ドルを超える年収を約束される卒業生さえいるというのです。世界的な先端企業から、インドの学生がどれほど高く評価されているかがわかりますね。

インド工科大学・デリー校のサットゥルリ・リエンガー数学科教授は、二〇〇一

⊙
IT（アイ　ティー）　information technology
（インフォメーション　テクノロジー）の頭文字を取った言葉。
パソコン・インターネットを中核とした情報技術のこと。

年一月八日付の『AERA《アエラ》』(朝日新聞社)において、インドで数学が重視されている理由を次のように話しています。

「国力を高めるには高いレベルの技術者が必要であり、数学があらゆる技術の基礎だという共通認識があるからだ」「高度な教育が行われ、激しい競争があるからこそ国際レベルで通用する技術者が育っていく。カリキュラムをやさしくするなんて誰も考えないよ」

インドの数学教育は、わが国の「カリキュラムの内容を三割削減し、一人の落ちこぼれも出さない」という文部科学省の新学習指導要領とは、まったく対極にあります。その背景には、極端な貧富の差と教育格差の存在という、インド固有の事情もあるでしょう。しかし、いまでさえ〈学力低下〉が懸念されている日本で、さらにカリキュラムを三割も削減して、インドのような優秀な人材が生まれるのでしょうか。いえ、それ以前に、カリキュラムを削減すれば〈全員が理解する〉ことなど可能なんでしょうか。私は、そんなことは絵空事だと思っています。同誌でも、インド最大のコンピュータ学校に在籍する教育学者スガタ・ミトラ博士が、こんな話をしています。

「私が寿司を嫌いだったとして、一人前の寿司の量を減らせば食べられるようにな

ると思うかい？　問題は寿司の量じゃなくて、なんで私が寿司が嫌いかということと、どうすれば喜んで食べるようになるかということなんだ」

私は、このスガタ・ミトラ博士の主張を読んだとき、「うまいこと言うなぁ。おっしゃるとおり！」とうなずいてしまいました。**テニスでバックハンド[*]が苦手だからといって、その練習量を減らしたら、ますます苦手になるだけです。得意になろうと思ったら、逆にもっともっと時間をかけて練習しなければならないのです。**一般的にテニスにおいて、バックハンドが苦手な人のほうが圧倒的に多いのは、何のことはない、フォアハンド[*]に比べて打つ量が少ないせいです。どうしたってフォアハンドを打つ機会のほうが多いですからね。

そういうことからも、私は授業時間数や内容を減らすことが、落ちこぼれを出さないことにはけっしてつながらないと思うんです。

ところで、インドの強みは数学だけじゃありません。学生の英語力の高さもあげられます。長い間、イギリスの統治下にあったインドでは、英語が公用語として使われています。したがって、欧米企業にとっては言葉の障壁がないわけです。数学と英語の両方ともが強い。だからこそ、インドの人材は世界中の企業から引く手あまたなのです。

⊙
バックハンド　ラケットを持つ手の反対側に来たボールを打つ打ち方のこと。
フォアハンド　ラケットを持つ手の側に来たボールを打つ打ち方のこと。

もちろん、貧しさから脱出し、国力を上げていくために、無理をしてでも国を引っ張れるだけの人材を育成していかねばならないという、国の事情もあるでしょう。昔の日本もそうであったように……。**しかし、「数学こそあらゆる技術の基礎」という認識のもとに、国をあげて学力をつけていこうとしているところは、素晴らしいと思うんです。**

ただ私は、インドの教育をすべて肯定しているわけではありません。個人個人の能力に関係なく、徹底して授業水準を上げるということは、高い学力の子が輩出されるいっぽうで、授業についていけない子がたくさん出ますからね。

しかし、この問題について私は、一斉に同じカリキュラムを習得期間まで限定して教え込むという発想を変えればすぐにでも解決すると思っています。そもそも、人が何かを学び取るには、習得期間に差があって当たり前です。ピアノのバイエルの卒業が遅いと目くじら立てているお母さんなど、一部を除けば、ほとんどいないでしょう。スイミングスクールで、平泳ぎの卒業が遅いわが子を見て、怒る親はまれでしょう。要するに、ほとんどの習い事と違い学校には、現在の子どもの学力差を認めず、皆が同じ期間で同じ内容を習得しなければならない〈制約〉がある。それが原因で、親はカッカするし、授業についていけない子が出てくるんじゃないでしょうか。「落ちこぼれ」なんて言葉は、同一期間で教え込もうとするから出てくる言葉だと思うんです。

もちろん、学校においても、グループどうし、互いに協力しあって知恵を出し合ったり、話し合ったりするような授業は別ものです。しかし、こと基礎学力をつけることに関しては、ピアノやスイミングと同じく、個人個人のいまの学力に応じて教えたほうがいいに決まっていると思うんですが、いかがでしょうか。

話をもどします。インドは少なくとも、国をあげて技術の基礎となる数学に力を注いでいることが伝わってきます。それに対して、いまの日本はどうでしょう。数学をはじめとして、基礎学力を軽視してきたツケが、いま、回ってきているといえるのではないでしょうか。

世界に通用する人材の育成のためにも、日本は基礎学力を身につけることにもっと力を注ぐべきだと思うのです。

「米百俵を教育に」の精神

お母さんのなかには「私はあんまり勉強、勉強って言いたくないんです」と、まるで勉強することが悪いかのように言う人がいます。**でも、何の資源もない日本がこれまで繁栄してきたのは、〈勤勉〉〈誠実〉を旨《むね》とする国民性があったればこそです。勉強とは、進学だけのためにするんじゃありません。どんな仕事をするにも、本から学ぶ国語の力、論理的に物事を考える数学の力は必要なんです。さらに、これからの国際社会では、英語の力も不可欠です。**そこを誤解しておられるお母さんがひじょうに多いんですね。国家レベルで考えても、国民が勉強しない国なんて、間違いなく滅亡の道を歩みますよ。逆に、国を再興できるもの、それこそが教育なんです。

＊小林虎三郎《こばやしとらさぶろう》をご存じでしょうか。彼は、長岡藩の大参事を務めた人です。明治維新の戊辰戦争《ぼしんせんそう》に敗れた長岡藩は、貧乏のどん底にあえいでいたのです。その窮状をあわれんだ他藩から米百俵が贈られました。そのときの虎三郎の対応が、有名な話として語り継がれているんです。

米百俵を贈ってもらったとき、藩士の家族たちは三度のおかゆにする米すら満足に供給されない状態でしたから、皆、米の配給を心待ちにしていました。しかし、虎三郎は、「米をお金に換えて新しい学校をつくる」と主張。藩士たちは「われわれを救うために贈られた米百俵を、分けられぬとは筋違いではござらぬか」と激こうしました。それに対し、虎三郎はこう話したんです。

「百俵といっても、どれだけあるか。八五〇〇人にものぼる家中《かちゅう》の全員に配布すれば、一人当たり四~五合しか渡らないではないか。それくらいの米は一日、二日で食いつぶしてしまう。**食いつぶしたあとは何が残る？　こういうときこそ、何よりも教育に力を注がねばならんのだ。**今回の戦《いくさ》でも、どうしてこんなに愚かなことをしたのか。つまりは、人がいなかったからだ。あのとき、先の見えた立派な人物がおったら、血を流したり、城下を焼かれたり、武士も町人もこんなに飢えに苦しむことはなかった。**国や町が滅びるのも栄えるのも、ことごとく人にある。とすれば、やはり人材の育成が最大の急務と考えねばならぬ。人物さえ養成していけば、どんな衰えた国でも必ず盛り返せるのだ。**よって、わしはこの米百俵を学校の設立に役立てることにした。わしのやり方は、回りくどいかもしれん。すぐには役に立たな

⊙
小林虎三郎（1828年～1877年）　長岡藩は現在の新潟県長岡市。
三根山藩（現・新潟県西蒲原郡巻町）から贈られた米百俵のエピソードをもとに、
山本有三が戯曲『米百俵』を著している。
大参事は知事に次ぐ地方の役人のこと。

いかもしれん。しかし、現在の長岡藩を立て直す道は、ほかにござらんのだ。**皆にも子どもがおるはずだ。今日のことだけを考えずに、先々のことをよく考えてくれ。子どもの行く末を考えてくれ。これからの長岡藩全体のことを考えてくれ**」

しかし、藩士たちは「そんな理想論より目の前の米」とばかりに収まりません。この騒動のなかで、虎三郎は奥方を殺されてしまいます。また藩士のなかには、虎三郎に対しても抜刀し、つめよる者もいました。それでも虎三郎は「切るなら切るがよい。だが、藩の将来を考えれば、子どもたちを立派な人材に育てることのほうが、どうあっても大切なのじゃ」と、一歩も引きませんでした。そして、虎三郎は荒れ狂う藩士たちに、代々の藩主・牧野家の家訓である**「常在戦場《じょうざいせんじょう》」**の掛け軸を見せながら、切々と語りかけたのです。

「常に戦場に在《あ》りとは、戦《いくさ》のない折にも常に戦場におる心で、いかなる困苦欠乏《こんくけつぼう》にも耐えようというお言葉ではないのか。戦場におったら、つらいだの、ひもじいだのと言ってはおられんのだ。いまは、城も落ち、国は焼け野原となってしまった。苦しいのは当たり前だ。しかし、ひとつのことをやり遂げるには苦労がつきもの。そういう苦しいときこそ、皆が一体となって、苦しみに打ち勝っていくことで、国も村も立ち直るのだ。そして、藩の立て直しには、まず何といっても土台を築くことだ。**その土台こそ教育なのだ。だから、わしはこの米百俵を元手に、子どもたちを立派な人物に育てていきたいのだ。いまでこそ百俵だが、やがては一万俵になるか、百万俵になるか計りしれないものがある。いや、米俵などでは比較できない尊いものになるのだ。**その日暮らしでは長岡は立ち直れない。新しい国は生まれないぞ。もちろん、土台を築いていくときはつらいことが多い。しかし、どうか常に戦場に在り、の気持ちで辛抱してくれ」

虎三郎が命がけで設立した学校は、身分制度を排除した現在の学校制度の基礎を築き、これがやがて日本全体に広がることとなりました。つまり、虎三郎の〈人材育成〉へのひたむきな想《おも》いが、長岡藩をはるかに越えて、後の経済大国〈日本〉を根底から支える結果となったのです。

昔、両親に「私たちが夫婦で築き上げてきた、なけなしの貯蓄をお前たちに遺《のこ》すつもりはない。そんなものは、消えてなくなるものだからだ。**そのかわり、お前たちには、一生残るここ（頭）に貯金していく」と言われたものでした。**当時は、なんてひどい親だ（笑）と思ったものですが、いまはその意味が十二分にわかります。そういう力をつけてやることが、夢をもって生きること、あるいは夢を持ったときに突き進めるだけの原動力となりますからね。

いかがでしょうか。虎三郎の言葉に「いまでこそ百俵だが、やがては一万俵になるか、百万俵になるか計りしれないものがある」というくだりがありますね。私はこの一節が大好きです。教育とはこれなんです。子どものうちにしっかりとした学力、そして学習姿勢を身につけることが、後々に計りしれない財産になるってことなんです。

勉強しない人が主流を占めるようになると国は衰亡します。また個人レベルで考えても、勉強しない人は、企業からも必要とされないので就職もたいへん。たとえ、就職できたとしても、リストラされやしないかと、まさに自分の運命を他人に支配される形となります。**でも、〈学び続ける姿勢〉を持っている人は、自分の運命を自分で支配します。そういう人は、どんな社会になろうとも、時代の波に翻弄《ほんろう》されることはありません。**どういう職業で社会に貢献していくのか、幅広い人生の選択肢を持てるんです。ですから、どうあろうと勉強は必要です。勉強をおろそかにしていると、わが子を将来路頭に迷わせることになりかねません。

子どもたちへの真の財産とは〈教育〉なのです。

鉄は熱いうちに打て!

わが子が幼いときには「こんなに早くから勉強なんてさせたらかわいそう……、どっちみちいずれは勉強、勉強なんだから」とおっしゃるお母さんが、高校受験などが近づいてきたら態度は一変して、「勉強しなさい。何回言わせたら気がすむの!」とヒステリックに叫ぶ。これは平均的母親のたどる道だと思います。**でも、これって、子どもの側に立ったら、ほんとむちゃな話だと思いませんか? それまで「遊べ、遊べ」と言っていた親が、ある日突然「遊んでばかりいる暇があったら勉強しろ」と責めるわけですから(笑)。**

『国を売る人びと』(PHP研究所)という本は、二〇〇二年からの教育改革に関して、渡部昇一氏、林道義氏、八木秀次氏の、三人の大学教授の対談をまとめたものです。二〇〇二年からの教育改革として、文部科学省は「生涯学習の普及」を提唱するなかで、「知識偏重を排し、生涯有意義に心豊かに生きていくための学力をつける」と語りました。さらに、「生涯学習とはいつでも、どこでも、だれでも、学びたいときに学べること」と発言したのです。そのことに対して三人の教授はそれぞれ次のような反論をしています。

「問題なのは、この発言が学齢期を終えた大人にではなくて、まさに学齢期にある子供たちに向けて発せられたということです。〝いつでも〟〝どこでも〟〝誰でも〟〝学びたいときに学べる〟のであれば、何も学齢期に学校に行って一生懸命に学ぶ必要はない。学齢期であっても、学びたくなければ学ばなくてもよい、と解釈できるんです」（八木氏）

「人間には学ぶべき時機というのがあります。人生の若い一時期、たとえ詰め込みだろうが何だろうが、知的鍛練をしなくてどうするのか。〝いつでも学べる〟なんていうのは嘘です」（渡部氏）

「『鉄は熱いうちに打て』というのはそのとおりで、『ゆとり』などといって、教えるべき時期にそれをしなかったら取り返しはきかないんですよ」（林氏）

「『自己決定』などと言っていますが、子供に自己決定させればとかく易き方に流れることは子供を持つ者には簡単にわかることです」（八木氏）

『書経』*に、「習《なら》い性《せい》と成《な》る」という言葉があります。新しい習慣が蓄積されると、しまいにはそれが、生まれ持った天性の資質と同じになる、ということです。幼いころから、学ぶ習慣をつけていくことは、その子に新しい資質をプレゼントすることになるんです。

ところで、学習をいざ始めようとしたときに、子どもが抵抗を示すことがよくありますよね。そんなとき、お母さんのなかには、ひるんでしまうかたがおられます。その理由として、「うちは子どもの自主性を尊重するので……」とおっしゃるのです。しかし、この言葉は、真に子どものことを尊重した意見とはいえません。なぜなら、『国を売る人びと』にも書かれているように、子どもに自己決定などさせれば、易《やす》きほうに流れることは目に見えているからです。

お母さんがわが子の将来を真剣に考えるならば、どうあろうと、学ぶ習慣をつけさせるべきです。子どもにおうかがいばかりたてるのではなく、社会に出るまでに、しっかり学ぶ習慣を体にしみ込ませることこそ、親としての責任ではないでしょうか。そしてこれは、〈親の意志〉で決まるのです。家庭のリーダーである親に断固たる意志がなければ、子どもは敏感にそれを察知し、よけいに抵抗しはじめます。み

⊙
書経（しょきょう）　孔子（紀元前551〜紀元前479年）の編といわれる中国の経典。「易経（えききょう）」「詩経（しきょう）」「春秋（しゅんじゅう）」「礼記（らいき）」とともに「五経」とよばれ、古代中国の儒教のもっとも基本的な教えを記した書物のひとつ。

んな、負荷がかかることはいやなものですからね。しかし、子どもが自立してくれなければ、あとのことが心配になって、死んでも死にきれない気持ちになるのが親心ではないでしょうか。

「私たち夫婦が死んだあと、この子は自分だけの力で生きていくことができるんだろうか」

この視点で考えるからこそ、ただ子どもの要求を受け入れていればいいというわけにはいかないのです。

子どもの教育は、政治と同じで〈そのうちやる気が出たころに〉とか〈もう少し様子を見て〉なんて先送りをすればするほど、後々そのツケが確実に回ってきます。名政治家は、そのときは国民に受け入れられない政策を打ち出しても、後の世に認められます。ぜひ、〈名母親〉〈名父親〉になってください。力をつけながら、育んでいくやる気は、放っておいて出るもんじゃありません。力をつけながら、育んでいくものです。

「鉄は熱いうちに打て！」

実りある人生をわが子に歩んでもらうためにも、学ぶべき時機にしっかり学習習慣をつけさせようではありませんか。

二一世紀を生きるための教育とは?

エントリーシート、これは就職を希望する学生に企業が提出させる身上書のことで、履歴書と違って、自己アピールや志望動機など、文章を書くスペースがたっぷりあるのが特徴です。

55ページに掲載しているのは、公文教育研究会のエントリーシートですが、**ご覧のように出身大学名を書く欄がないんです。いま、大きな本屋さんへ行くと、エントリーシート関連のコーナーがあるぐらい、急速に普及しています。出身大学に頼らず学生の適性を見極めたいと考える企業が、いかに増えているかを物語っていますね。まさに学歴不問の世界です。**

多くの企業はまずエントリーシートを提出させて、そこから採用の第一次面接に進む学生を選抜します。企業にもよりますが、エントリーシートに書いた内容が、採用担当者の目に止まらなければ、次の選考に進めないところも多いのです。

ここ数年、学生の就職人気ナンバーワン企業のソニーは、ある年、事務系だけで五〇〇〇人がエントリーシートを提出しましたが、そのうち、面接に進むことができたのはわずか一〇〇〇人だったとか。

エントリーシートは、企業にもよりますが、そのほとんどが、学生時代の経験、入社後の希望職種やそこで実現したい内容までを細かく聞くものです。**したがって、企業研究をしっかりしたうえで、自分を見つめ直さなければ書けない内容なのです。**

日本が右肩上がりで成長を続けていたころ、学歴神話、大企業不倒神話などがありました。いい大学に入学しさえすれば、いい会社に入れる。いい会社に入ることさえできれば、一生安泰だというような……。ところが、二〇世紀末からは、「まさか！」と思うような大企業の倒産、合併。そしてエントリーシートの出現。「子どもがいい大学に入りさえすれば……」と信じて子育てしてきたお母さんにとって、これほどの衝撃はなかったのではないでしょうか。しかし、冷静に考えれば、〈学歴だけ〉で就職の合否が決まってしまう時代のほうが、どう考えても異常だったのです。

もちろん、学歴が高いこと自体が悪いわけではありません。問題なのは、〈勉強する意義〉という根本的なことを子どもたちに伝えぬまま、〈学歴を高めること〉そのものが目的化してしまったことではないでしょうか。

20　　年　　月　　日提出　　　　　　　　〔NO.　　　〕

KUMON　COMMUNICATION　SHEET

ﾌﾘｶﾞﾅ		生年月日（年齢）	
氏 名	男・女	19　年　月　日（　歳）	＜写真貼付＞ 縦 4cm×横 3cm モノクロ・カラーとも可 ※裏面に氏名を記入してください。
現住所	〒	［TEL：　－　－　］ ［携帯/PHS：　－　－　］ ［最寄り駅：　駅より バス/徒歩　分］	
帰省先	〒	［TEL：　－　－　］	
在籍学部・学科		E－メールアドレス	
希望職種	総合職　／　一般職	会社研究セミナー参加日	月　日　AM／PM

＊自己紹介＊

■あなたが思う自分像と周囲から言われる自分像は、どの様なものですか。それぞれ具体的にご紹介ください。

■これまでで一番打ち込んだことは何ですか。具体的にご記入ください。

■あなたの「一番大切なもの」は何ですか。理由とともにできるだけ詳しくご記入ください。

■休日の過ごし方や趣味・特技などについて、自由にご記入ください。

▲公文教育研究会のエントリーシートの一部。出身大学名を書く欄はなく、いままでにもっとも打ち込んできたことや、いちばん大切にしていることなどの記述を要求している。質問内容は、毎年変更されている。

また、二〇世紀末から、「IT革命」という言葉がさかんに使われるようになりました。だれでもその場にいながらにして、世界中から情報を得ることができる、これは、工業化社会以前では考えられなかったことです。飛脚を使って情報を伝達していた江戸時代の人が聞いたら、現代の人間は宇宙人だと思うかもしれません。

情報化社会と工業化社会の違いの最たるものとして、変化の激しさがあげられます。情報化社会では、刻々と変わる環境の変化に対応しながら、迅速に学び続ける必要があります。**動物でも植物でも、環境の変化に対応できなかったものは、絶滅していますからね。工業化社会では、とりあえず一八歳までに習得した知識さえあれば、生きていくうえで何とかなったものですが、情報化社会ではそれがあるのは大前提で、実社会に出たあとも謙虚にスピーディーに学んでいかねば取り残されるのです。**そういう社会では、学歴しか自慢するものがないような人は、役に立たないのも当然ですね。このように、時代も学歴不問を後押ししているといえるでしょう。

ところで、学歴不問と聞くと「じゃぁ、勉強しなくたっていいのね」と短絡発想をされるかたがおられます(笑)。これはとんでもない誤りです。〈学び続ける姿勢〉を持たない人たちに、いつまでも給料を払い続けてくれる会社などありません。企業もグローバル化のなかで、生き残りをかけて必死に変わろうとしているのですから。それと、学歴不問というのは、先ほども述べましたように「高学歴がダメ」と言ってるわけでもありません。一生懸命、夢に向かって努力、まい進してきた高学歴の人ならおおいに結構。**ただ、受験テクニックのみを身につけ、上の学校を目指してきただけの人は、高学歴であっても振り落とされる社会になったといえるでしょう。企業がほしいのは、人生についてしっかり考え、何がしたいのか、何が実現できるのかを明確に主張できる人材です。要するに、大学名をひけらかさずに勝負できる実力が必要なのです。**

では、子どもの間に身につけるべき資質とは何でしょうか。私は、〝学力にプラスして、一生涯、謙虚に学び続ける姿勢〟だと思っています。**まず、自主的に勉強して知識を獲得し続ける努力、これは謙虚になるためにも最低限必要なことです。**人は勉強するからこそ、自分の知っていることがいかにちっぽけなことかがわかり、謙虚になることもできるのですし、知識が実践とあいまって見識にまで高まるのですから……。だからこそ、小・中学生までの間に、勉強する姿勢を身につけるべきだと思うんです。

それに加えて、経験豊かな人からはもちろんのこと、経験の浅い年下の人からでも学ぼうとする謙虚な姿勢を身につけることができれば、人は死ぬまで成長し続けることができるのではないでしょうか。

たとえ、高学歴で地位もあり、知識、見識ともに高いといわれている人でも、そういう姿勢を忘れている人は、もはや人間としての成長は望めない、と思うんです。

〝一生涯、謙虚に学び続ける姿勢〟

こんな力を身につけた人材が増えれば、二一世紀は明るく、展望の持てる、素晴らしい世のなかになるのではないでしょうか。

子どもたちへの真の財産とは〈教育〉です。二一世紀を担《にな》う日本の子どもたちが、やがて世界中の人たちと手に手を取って、よりよい地球社会をつくっていけるように、私たち大人が真剣に子どもの教育に力を注ぐべきではないでしょうか。

後世への最大の遺産こそ〈教育〉です。小林虎三郎が米百俵を〈教育〉に変え、長岡藩を立て直したように、いまこそ、私たちができることを、責任を持って一つひとつやり抜き、子どもたちが、夢と希望に満ちあふれる世のなかにしようではありませんか。

第二章

素敵なお母様への道

いろんな報道を聞くたびに、「わが子はだいじょうぶだろうか」と、
お母さんがたは、よく言われます。
しかし、〃ぶれない軸〃があれば、
信念を持った子育てをすることができるのです。

遺伝か、環境か

序章のエピソードに書いた鈴木平蔵くん（仮名）のお母さんと、先日、三年ぶりに電話で話をしました。お手紙をいただいたときよりも、さらに〝素敵なお母様〟になられていました。明るく、優しく、子どものことをたくさん自慢してくださったのです。いまは、ほめ育てを基本とし、家庭のなかも幸せそのものだとか。そして平蔵くんは、転居後も公文式の教室に通いながら、分数の計算に挑戦しているとのこと。計算競争をして、ご両親が平蔵くんに負けたという話も聞かされました。

お母さんは明るい声で「現役にはかないません」とおっしゃいました。家庭のなかは、笑い声にあふれ、低学年のころ「学校へ行きたくない」と泣いていた平蔵くんも、強く、明るく、たくましくなったというのです。それだけではありません。お母さんは、平蔵くんが少々けんか腰で何かものを言ったとしても、わざとゆったりと答えるように心がけておられるとか。そうすると、いらぬ親子げんかをしなくてすむというのです。ほんと、初めとは別人ですよね（笑）。私はお母さんと昔話をしながらおおいに盛りあがりました。でも、そんなに大変革を遂げておられるにもかかわらず、お母さんが、電話のなかで何度もおっしゃった言葉が印象的でした。

「母親とはどうあるべきかを学びました。でも私は、母親としてはまだ五〇点程度です。まだまだ子どもに対して感情的になったりすることがありますから……」

☆

エディ・マーフィ主演の『大逆転』という映画があります。この映画は、街で物ごいをする貧民の男（エディ・マーフィ）が、先物取引の会社の共同経営者である二人の老兄弟の気まぐれな賭《か》けに巻き込まれていく、というコメディー映画なのですが、その賭けの中身が〈遺伝か、環境か〉なのです。一人の意見は「人間の資質は馬といっしょで、血統こそがすべてを決める」という遺伝説。よって、自分の会社の有能な幹部も、良い血統のもとに生まれたから優秀だという考えの持ち主。もう一人の意見は「環境こそがすべてを決める」という環境説。有能な幹部は、良い環境がその人材をつくりあげたという考えなのです。映画では、良い環境を与えた人間はどんどん人間性まで高まっていくのに対し、悪い環境を与えると、エリートだったはずの幹部社員までが、拳銃での犯罪に走るような男に堕落してしまう、という話で、環境説に軍配があがっているのですが、皆さんはどうお考えですか。

私は面談で、こういうお母さんとよく出会います。子どもにちょっと算数を教えてみて、友だちよりも物覚えが悪かった。すると、すぐ、ため息まじりに、

「うちは、主人も私も算数苦手でしたんで……」

しかし、本当に遺伝ですべてが決まるのでしょうか。わが子のために親がすべき環境づくりを怠《おこた》っていたり、〝子どもができるまで待つ〟ことに対する親の忍耐不足であったりするのを、遺伝という言いわけによって逃げている……、と思ってしまうのですが、言い過ぎでしょうか（笑）。

私は、遺伝説を否定するつもりは毛頭ありません。テニスにおいても、世界でベスト4に入った＊伊達公子《だてきみこ》さんのような人は、動体視力（動くものを目で追いかける視力）が人より素晴らしい、という持って生まれたものを備えていますからね。**これはつまり、遺伝的にも恵まれた人が驚異的な努力をしたときに、世界でもトップクラスの選手になれるってことだと思うんです。しかし、私は遺伝より環境の占める割合のほうが圧倒的に高いと確信しています。**といいますのは、だれが見ても不器用だった選手が、ひたすら努力を重ねることで、どんどん強くなり、トーナメ

⊙
伊達公子　1970年京都市生まれ。6歳のときからテニスを始め、インターハイではシングルス、ダブルス、団体の三冠を達成するなどの活躍を経てプロ・テニスプレーヤーに。
'95年の全仏オープンで日本人初の4位。'96年の全英オープン（ウィンブルドン）では、準決勝で、当時無敵といわれたグラフと日没再試合になる熱戦を演じた。'96年現役引退。

ントを勝ち抜いていく様子を何度も見てきたからです。それだけに、遺伝、遺伝と言うお母さんに、私はあえて問いたいのです。「あなたは、わが子を世界レベル、たとえば数学なら、〈数学オリンピック〉*に出場できるレベルを望まれているのですか」と。おそらく、そうじゃないはずです。もし、お母さんがわが子に望んでいるのが、「中学、高校になっても数学が得意であってほしい」という程度なら、努力することを習慣とさせるかどうかが問題であって、遺伝の問題ではありません。

以前テレビで、体操選手・塚原直也さんのエピソードを放送していました。彼は、ご存じ〈月面宙返り〉の塚原光男氏の息子さんで、母親の千恵子さんも元体操オリンピック代表選手です。彼は、人が数回でできるところを五〇回練習しなければ身につかないぐらい鈍くさい選手だというのです。ですから、偉大な両親から受け継いだのは、素質でもテクニックでもなく、できるまであきらめない精神だと。これには私も思わず「うん、うん」と大きくうなずいてしまいました。**われわれは、ともすると表面的なところだけを見て、「しょせん蛙《かえる》の子は蛙だから」とあきらめてしまいがちですが、そうじゃないということがよくわかりますよね。遺伝の要素よりも、努力することや粘り強さを習慣づけるといった環境の要素のほうが、はるかに大きなウエートを占めている、といえるのではないでしょうか。**

⊙
数学オリンピック　国際数学オリンピックは1959年に開催されて以降、ほぼ毎年、参加国の持ち回りで実施。日本は'90年の31回大会から参加。代表選手6名は、日本数学オリンピックで選ばれる。参加資格は20歳未満。試験の前提となる知識は高校2年程度。

伸び伸び教育と放任教育

「うちは伸び伸び育てたいので、幼いころから、本など知育に関するものは与えないようにしています」とおっしゃるお母さんがおられます。**こういうお母さんとお話ししていて思うのは、「伸び伸びと放任をごっちゃにしているな」ってことなんです。**放任とは、たとえば子どもが文字に興味を持ちはじめているのに、まだ早いからといって、何も教えず、「絵本を読んで」と言ってきても、読み聞かせをしてあげることもなく、要するに放ったらかしのことです。何も働きかけてあげないわけですから、わが子が文字や数字に興味を持ちはじめていても、そのタイミングを逃すのです。そういうお母さんは、小さいころから本を読んであげたり、カード*を見せてあげたりすることを罪悪だと思っておられるようです。**でも、子どもたち、とくに幼児にとっては、ひらがなを読むことも、書くことも、あるいは数字を覚えることも、遊びそのものなんです。ひらがなを覚えたての幼児、それも五十音すべてはまだ覚えきれていない子が、お母さんといっしょに街を歩きながら、お店の看板や**

広告を指さしては自慢げに声を出して読んでいる姿はどこでも見かけますよね。「ぼく、あの字、知ってる！」ってことが誇らしいわけです。そして、読める文字が増えてくればくるほど、「もっと、もっと……」という知的好奇心が高まってきます。

また、大好きなお母さんが読んでくれる絵本。楽しいお話のときもあれば、ハラハラ、ドキドキするお話もあります。幼児や低学年の子は、たいていお気に入りの絵本ができると、暗記できるまで毎日でもその本を読んでと言ってきます。**次に起こる展開がわかり、読んでもらっていてよくわかるから楽しいのです。でも、そんなにワクワクする絵本を、自分の力で読めたらどれほど楽しいことか、幼いながらに感じているんですね。だから、たくさん本を読んでもらっている子ほど、絵本を丸暗記します。**それも、まるですべての字を知ってるかのごとく、ページの終わりまで暗誦《あんしょう》したら次のページをめくるんです。これは、文字が読めるようになる一歩前の現象ですが、幼い子にとって知的欲求を満たすことが、いかに楽しいかを物語っています。

このように、本当の伸び伸び教育とは、子どもの好奇心をうまく引き出し、やる気を育み、どろんこ遊びが好きなのはもちろんだけど、本を読むことも学ぶことも

⦿
カード　Ｂ６サイズのカードの表と裏に、絵とひらがな・漢字・数字などが印刷してあり、親子で向かい合って遊びながら、言葉や文字・数字を学ぶ教具。
指先の運動機能が十分でない幼児にとっては、
本のページをめくるよりも、らくに扱うことができる。

大好きなんだ……、という方向へ導いてやることではないでしょうか。

本の楽しさは、読み聞かせをしてあげなくてはわかりません。語いを豊かにするためには、童謡を聞かせて歌を覚えるのが早道です。ジグソーパズルは、子どもがいろいろ試行錯誤しながら指先を使うので、脳の活性化には最適です。こういうことをお伝えしても、小さいころからの働きかけを毛嫌いされるかたは、ほとんどが「まだ小さいし……。もっと外で遊んでいたほうがいいから……」とおっしゃいます。もちろん、外で元気よく遊ぶことは私も大賛成です。私自身もスポーツ大好き人間ですからね。**でも、なぜ〈外でのボール遊びも得意だけど、学ぶことも大好きだ〉という方向へ持っていこうとされないのでしょうか。もしかしたら、学ぶのが好きになることと、外で元気よく遊べることとは二者択一だと考えておられるのでしょうか。**

結果、そういうお母さんが選択される道は、ご本人は〈伸び伸び教育〉だと思い込んでおられる〈放任教育〉なんです。放任のなかで育った子どもは、高学年になったときにはすでに勉強嫌いになっている、ということがよくあります。そんな事態になってから、「勉強しなさい。お母さんに何回も同じこと言わせないで!」と怒鳴ってみたところで効果はありません。小さいころから、机に向かう習慣が確立されていない子どもにとって、そうされることがどれほど苦痛になることでしょうか。言う側のお母さんにとってもたいへんな苦痛ですよね。**そんな事態にならないように、幼児期から本の楽しさを教えてあげたり、知的な遊びの楽しさを感じさせてあげたりすることがいかに大切なことか、私は声を大にして言いたいのです。**

とくに、いまは昔と違い、小学校に入るとテレビゲーム漬けになる可能性があります。〈ゲームも好きだけど本も好き〉というならまだいいんですが、本の楽しさをまったく知らない状態でゲームと出会ってしまうと、想像力を働かせて物語を読んだり聞いたりすることを、面倒くさく感じてしまうようになるんです。そうならないためにも、「わが子に本を読んであげてくださったらなぁ」と思います。**お母さんが働いておられる場合でも、そういうお忙しいお母さんだからこそ、夜寝る前に愛情のこもった読み聞かせをして、親子の濃密な時間帯を持ってほしいのです。**

かわいいかわいいわが子に、〈真の伸び伸び教育〉をしていただきたい、そんな気持ちでいっぱいです。

〝結果〟ではなく、〝努力過程〟を認める

Burn《バーン》 Out《アウト》（燃え尽き症候群）、お聞きになったことありますでしょうか。テニスでいえば、ジュニア時代にはトッププレーヤーで、周りから期待されていた選手が、思春期になって突然、すべてに対してやる気をなくした状態のときに、そういわれます。何もかもやる気をなくす……、怖い事態ですよね。なぜこんな状態になってしまうのでしょう。

これは、小さいころから、勝てばほめられ、負ければ怒られる……、という状況下で育てられた子に多いのです。試合ともなると、プレッシャーのかかる場面がたくさんあります。そんな場面のとき、「ここでミスしたらお父さんに叱《しか》られる、お母さんが悲しむ……」なんて考えていたら、伸び伸びプレーなんてできません。筋肉は萎縮《いしゅく》→試合は負け→ストレスがたまる……、と悪循環に陥るのです。

ところで、恐怖政治のごとく、力ずくでも親のいうことをきかせよう、と思えば可能な小学校時代と違い、思春期に入ると体格的にも親を超えだします。肉体的

にも反抗できるようになってきます。すると、やがてこんなふうに考えはじめます。

「小さいころ、楽しみで始めたはずのテニスが、いつの間にか勝たなければならないという苦しみへと変わってきた。もう、こんな親の期待に応《こた》えるためのテニスからは、一日も早く解放されたい」と。

反対に、大人になっても伸びる選手というのは、親に戦績で一喜一憂されていません。戦績ではなく、〈取り組む姿勢〉について厳しくされているのです。二〇世紀のテニス界を代表した選手の一人、クリス・エバート*。彼女は幼いころから親の英才教育を受けて世界一になった選手ですが、こんなことをインタビューで答えています。

「両親に試合の結果でとやかく言われることはなかった。親が自分を叱るときは、テニスに対して、あるいは相手選手に対して、態度が悪かったときだけだ。だから、試合中に無用なプレッシャーを感じることは一度もなかった」と。

ところで、これは勉強にも当てはまります。小さいころから、良い点数を取ったらほめられ、悪い点数を取ったら怒られる。学年順位が上がればほめられ、下がれば……、こんなことをずっとくり返していると、子どもはどの時期かに必ずバーンアウトします。そもそも、目先の成績に一喜一憂しすぎていると、親子の信頼関係

⊙
クリス・エバート　1954年アメリカ生まれ。5歳から父親にテニスを学ぶ。
16歳で全米オープンに初出場し準決勝進出。以後、4大大会（全米・全仏・全豪・全英〈ウィンブルドン〉）のシングルスで、全米オープン4年連続優勝を含み18回優勝。
'89年現役最後の年も全米オープン準々決勝進出、全英オープン準決勝進出。

自体にヒビが入りはじめます。「お母さんはぼくの点数だけに興味があるのであって、ぼく自身には何の興味もないんだ」と子どもが感じてくるからです。

人間は結果より過程でつくられます。ですから、子どもを伸ばすにも、目先の学校の成績なんかより、努力過程を大切にしていくことです。そのためにも、わが子がしている〝努力そのもの〟を心から認め、ほめ、励ましてみてください。日々の小さな成長に気づけるよう、観察してみてください。それらに対して〝認められ、ほめられ、期待される〟ようになると、子どもに粘りというのがついてきます。そして、粘りを持って努力すれば、必ず結果がついてきます。

〈恐怖政治〉で子どもにいうことを聞かせようとしても、それが効を奏しているように感じるのは、ほんの一時期だけです。その時期が過ぎると、〈鏡の原理〉で、行ったことがそのままわが身にはねかえり、今度はわが子に恐怖政治をされ、ビクビクしながら生活しなければならなくなる可能性だって少なくないんです。

思春期になってバーンアウトしてしまわないよう、ぜひ、〝結果〟ではなく、その〝努力過程〟をほめるよう心がけてみてください。

〝おだて〟ではなく、心から〝認め、ほめ、励ます〟

私の教室でお母さんと面談していると、こういう話をよく耳にします。

「先生、うちの子、小さいころと違って、ほめたって効果ないんですよ」と。果たしてそうでしょうか。お母さんは、人にほめられて、あるいはご主人にほめられてうれしくないでしょうか。

ほめられてうれしくない人など、世界中どこを探してもいません。ただ、それに対する表現方法がそれぞれ違うだけです。ですから、ほめ言葉に対して子どもがまったく反応しないとしたら、二つほど理由が考えられます。**一つめの理由は、ほめ言葉が心からのものではない場合。これは、〈ほめる〉ではなく、〈おだてる〉になっているんですね。〈おだて〉は子どもにすぐ見破られ、まったく効力を発揮しません。**これに関して、以前にあったおもしろいエピソードをご紹介いたします。

小二の早紀ちゃん（仮名）のことで、お母さんから悩みの相談を受け、三人で面談をしたことがあったんです。

お母さん　「先生、うちの子には、ほとほと困ってるんです。**勉強しているのを見ようと部屋に入っても、早紀が『私に近づかんといて』って言うんです**」

――お母さんが勉強のことで近づいたときは、必ずお小言があると早紀ちゃんに思われている、なんてことはないですか？

お母さん　「いえ、とんでもない。私はね、先生がおっしゃるとおり、早紀をほめてるんですよ。でも、こんなふうに憎たらしい態度を取るんですわ」

――早紀ちゃん、お母さんがそうやってほめてくれるんや。優しいお母さんやんか。

早紀ちゃん「（首を横に振りながら）いいや。ほめてなんかくれへんで」

お母さん　「早紀ちゃん、何言ってんの！　お母さん、いっつもほめてるやないの。そんなこと言うたら、先生の前やのに、お母さんの立場、すごく悪いやないの」

早紀ちゃん「（プイッと口をふくらませて天井を見ながら）**だって、先生みたいに心こもってへんもん。お母さん、心こもってんのは、怒ってるときだけやん**」

このとき、私は「なるほど、早紀ちゃん、うまいこと言うなぁ」と感心させられたものです。確かに、世の親が気持ちをこめてるのは、怒ってるときがほとんどかもしれませんね（笑）。

子どもが反応しない二つめの理由は、反抗期などのために、それを素直に表現するのがイヤという場合です。私たちの思春期だってそうでしたよね。でも、親に反抗してるからといって、ほめられることがうれしくないわけじゃありません。ですから、子どもに反応が見えようが見えまいが、〝心から認め、ほめ、励ます〟ことが大切なのです。しかし、これを実生活でやろうと思っても、〝心からほめる〟ことがなかなか難しい。それ以前に「ほめるところなどない」とおっしゃるお母さんがたくさんいます。では、どうしたらいいのでしょうか。**私は、子どもの様子を〝認める〟ことが、すなわち〝ほめる〟ことや〝励ます〟ことにつながっていくと思うんです。**
ところで〝認める〟というと、またお母さんの多くは、わが子が何か特別のことをしたときだけにするものと、思ってはいないでしょうか。私の言いたい〝認める〟は、そういうことじゃないんです。わが子が日々当たり前にしていることを〝認める〟ことなのです。ですから、「あんたは、問題を見てパッと答えが出るほどかしこくはないのかもしれん（笑）けど、最後まであきらめないその根性は一級品や。お母さんは、いつもあんたの姿を見て励まされてるのよ」でいいわけです。「風邪もひかず元気なだけが取り柄かもしれんけど、そうやって親に心配かけないお前は偉いんだぞ」でもいいのです。当たり前にしていることを認められると、子どもはがぜん勇気がわいてくるものなのです。**「がんばる」という言葉ひとつでも、語尾ひとつでぜんぜん違ってきます。ところが、「がんばりなさい」という言葉は指示、命令なのでまったくうれしくない。「がんばってるね」という言葉には、いまのがんばっている状態を認め、共感している大人の感情が表れています。だから、うれしくなるのです。**ちょっとした差なのに、子どもに与える影響はぜんぜん違ってくるのです。

また、子どもをほめるとき、〝素直な気持ちで心からほめる〟という姿勢ではなく、〈ほめてやってる〉なんて気持ちで接する大人がいます。そういう人は、自分の言葉に対して子どもがうれしそうにしないと、腹を立てるんですね。**「せっかく、ほめてやってるのに」と、語尾に「のに」がつく。これは、子どもを上から見おろしているから出てくる言葉で、〝認める、ほめる、励ます〟ことに対しての、根本姿勢がずれているといえましょう。**大切なことは、子どもに対して素晴らしいと思った気持ちを、素直に表現することではないでしょうか。

心から〝期待する〟ことで子どもは伸びる

心から〝認め、ほめ、励ます〟に加えてひじょうに重要なことがあります。それは、〝期待する〟ということです。もちろん、子どもの負担になるような期待では重荷になりますが、期待しないのはいけません。

ローゼンタール博士*は、アメリカ合衆国・カリフォルニア州の小学校である実験を行いました。教師には内容を知らせずにあるテストを行い、「このテストの結果によって、将来伸びる可能性がある生徒がだれであるか知ることができる」と告げました。テスト後、教師に二〇名のリストを差し出しましたが、実はこのリストはでたらめに選んだものだったのです。ところが八ヵ月後、その二〇名の知能指数が他の生徒のそれよりはるかに高いデータが得られたというのです。**理由はかんたん明瞭。教師がその二〇名を伸びると信じ、無意識のうちにより良い環境を提供し、より一層成績が伸びるように期待し、励ましたからです。**

⊙
ローゼンタール博士　アメリカの教育心理学者。この研究は、ある人にとって重要な意味を持つ他人がひそかに抱く期待によって、その人の能力に変化がおきる現象で、「ピグマリオン効果」とよばれる。こうした効果が現れるからこそ、逆に教師は心して指導すべきだとの意見もある。

心から信じて、子どもに期待することは、これほどの効果をあげるんです。もし、お母さん自身が〝わが子が伸びる〟ことに対して疑心暗鬼だったら、子どもはそのメッセージを、言葉の端々から自然と感じ取ってしまうに違いありません。

　さて、このローゼンタール博士の実験はあまりにも有名ですが、実は私自身もこれと同じようなことを体験しているのです。私の姉二人は、小一のときに中学の方程式を解いていたぐらい幼いころからよくできたのですが、**末っ子の私はクラスで下から数えたほうが早く、「あゆみ（通知表）」は〈がんばろう〉ばかり。**姉にはいつも「徳裕《とくひろ》のあゆみは見ていておもしろい」と茶化《ちゃか》されていました。こんな場合、ふつうは両親に嘆かれますよね。でも、私の場合は違いました。逆に両親から「徳裕は大器晩成型だ。あとになって必ず伸びていくぞ。先が楽しみだ」とプラス暗示を与え続けられたのです。その影響でしょう。私は成績が悪かった低学年のころから「自分はあとで伸びる」と信じきっていたのです。ですから、二〇点ぐらいのテストも隠すことなく堂々と見せていました。「ぼく、いまは点数悪いけど、大器晩成だからだいじょうぶ」とか言いながら（笑）。

　話は若干それますが、とくに〝ほめ育ての達人〟だったのは父でした。当時、母はまだまだ〝ほめ育て〟を頭ではわかっていても実行するのが難しく、しょっちゅうヒステリックになっており、いまのように、じょうずにほめることはできていませんでした。**そんな母に父は、「徳裕の成績が悪いことを本人の前で責めることはない。だいじょうぶ。必ずあの子はあとで伸びる」とくり返し話して、安心させていたそうです。また、父のほめ育ては、家族のなかだけにとどまりません。保育園や幼稚園の先生、果ては学校の先生までも、ほめ育てしていたのです。**

私は小二のころ、学校の先生の勧めで日記を書いておりました。その日記帳には、先生のコメントに対して父が書いたこんな手紙が残されていました。

「このごろは、徳裕が帰ってくると、日記は？　と先生のご高評を見るのが私の楽しみの一つです」

「赤インクの寸評が、ダイヤモンドのように貴重です。それに先生の字もきれいですし、なかなかいいお言葉ばかりと感服しています」

こういう言葉に象徴されるように、保育園でも小学校でも、とにかく先生に対して〝心から認める、ほめる〟を実践していたのです。先生だって人間。こんなに生徒の父親からほめられたら、その子どもである私に対して思い入れが強くなるのは当然です。

こんな調子で、両親に小さいころからプラス暗示を与え続けられた私は、やがて高学年になり、学力が人並みについてきたのを実感するにつれ、こんなふうに考えるようになったのです。
「本当に言われたとおりになってきた。やっぱり、ぼくは大器晩成型なんだ！」
私が自己肯定感に満ちあふれた大人に成長できたのも、両親から受けた長年のプラス暗示のおかげだと思っています。

もちろん、子どもがろくに勉強もしていないのに、ただご両親がプラス暗示を与えているだけ……、では伸びるはずもありません。まずは子どもに努力させないといけませんよね。**でも、一生懸命、努力はしているんだけど、まだそれが結果につながらない、というような場合なら、何もあせることはないと自分自身の経験から思うんです。**

親として大切なのは、〝わが子はきっと伸びる〟ということをまず信じ、そのうえで心から〝認め、ほめ、励まし、そして期待する〟ことなのです。

潜在意識の偉大な力

人間というのは、常日頃思っていること、イメージしていることが、実現するような不思議な力を持っているのです。「自分ならできる」といつも思っている人は、潜在意識にそのことがインプットされているので、そのとおりになります。反対に、「自分にできるはずがない」といつも思っている人にも、そのとおりのことが実現します。

潜在意識というのは、その思いが本人にとってプラスになるかマイナスになるかということは判断しません。ただ、そこにインプットされたことを実現しようと無意識に努めるのです。学校にどうしても行きたくない……、と思っていると、そのことが潜在意識にインプットされ、それを実現するため、本当に発熱や腹痛を引き起こします。そして、学校を休むという願望が実現すると、不思議に発熱や腹痛も消えてしまう、といったことがあるのはそのためです。これは、潜在意識が自己実現するよう働きかけているわけです。

さて、スポーツの世界では、この潜在意識を利用するイメージ・トレーニングが当たり前となっています。アメリカのある心理学者は、バスケットボールのシュート数競争において、イメージだけで練習したグループと、実際にボールを使って練習したグループでは、どちらのほうがじょうずになるかを実験しました。その結果、イメージだけで練習したグループのほうが、圧倒的な差で勝ったのです。イメージ・トレーニングでは〈失敗〉の練習はしませんからね。**やみくもに練習するから成功するのでなく、〝成功を練習するから成功する〟といえましょう。しかし、勉強に関してはどうでしょう。ほとんどの家庭で、わが子の潜在意識に〈毒〉を盛っているのではないでしょうか。**

たとえば、わが子を連れながら買い物をしている最中に、友だちのお母さんとばったり会ってこんな会話になることはありませんか？

Aちゃんの母親「いや、久しぶりやん。元気？　そういえば、Bちゃん、こないだの算数のテストで一〇〇点やってんてなぁ。**うちの子なんて、しょーもない間違いばっかかり！**　Bちゃんはしっかりしてるからケ

Bちゃんの母親　アレスミスなんかしないのよねぇ。偉いわねぇ。うちの子と大違い！　うらやましいわぁ」

Aちゃんの母親　「と〜んでもない。たまたまよ、こないだのは。この子にも言うてたん。『一〇〇点、何人おったん？　**あんたが一〇〇点やったら、みんな一〇〇点とちゃうの**』って(笑)。**それより、うちの子は国語の読みが、ぜんぜんあかんねん。**本読んでる姿なんか、見たことあれへん。その点、Aちゃんは本好きでサッカーもじょうずやし、勉強も運動もできてかっこいいやん」

Bちゃんの母親　「**いやぁ、本好きっていってもマンガばっかり。**サッカーしてるのも、じっとしてられへんからよ」

「いや、そんなことないって。Aちゃんは運動神経、抜群やん。**うちの子なんて運動神経ゼロやで！**『**(わが子に向かって)あんたは逆上がりかって、できひんもんな**』。それにマンガでもいいから本を読んでくれたらえぇねんけど、うちの子ときたらゲームばっかり。ほんま、情けないわぁ。どうやったらAちゃんみたいになるん？　こっちがうらやましいわぁ！」

こういう会話は、多分に日本人独特の謙虚さから出ている言葉で、しゃべっているお母さんのほうも、ぜんぜん悪気はないんですね。むしろ、こんな会話を楽しんでいたりするのかもしれません。その証拠に、「そうですねぇ。お宅の子はほんとに算数できませんものねぇ」なんて片方が言ったら、険悪なムードになること請け合いです（笑）。**ところが、そうやって謙遜《けんそん》してしゃべっていることが、そばで聞いている子どもにとっては〈マイナスの暗示〉となって、潜在意識の奥深くに浸透してしまう危険性があるんです。**ましてや、家で毎日毎日「なんでこんな問題ができないの！　あんたはほんとに何やらせてもダメな子ねぇ」とやっていれば、その子は、どんなに伸びる芽を持っていたとしても、言葉どおりの子になる可能性は高くなります。**それほど、親が子どもにかける言葉には、ひじょうに重〜い責任があるのです。**

また、お母さんのなかには、ふつうの子よりよくできるのに、「どこそこの、だれだれくんは、こんなこともできるのに……」と、もっとかしこい子と比較しては嘆くかたがおられますが、同様にわが子に毒を盛っていることをお忘れなく。潜在意識とは、良い方向で利用すれば素晴らしい効果を発揮します。そのかわり、取り扱いを間違うと、とても危険で恐ろしいものなのです。ですから、マイナスの暗示ではなく、「あなたは、優しいし、一生懸命努力するし、お母さんはいつも偉いなって思っているのよ。あなたはお母さんにとって誇りよ」というような、プラスの暗示をかけてあげてください。

人間だから、つい、口をすべらせてしまうこともあるでしょう。そんなときは、「きのうは言い過ぎたね」と翌日でもいいから言ってあげてください。そうやって反省しながら行動していくうちに、わが子のプラス面を見つけることがじょうずになることはもちろんのこと、子どものほうも親の努力する姿勢を見ながら「相手のよいところを見つけよう」と努力できる人間に変化していくのです。〈教育〉が、子どもとともに育つということから〈共育〉と言われるゆえんです。

潜在意識の偉大な力をじょうずに利用して、ぜひ、かわいいわが子に自信を持たせてあげてくださいね。

叱《しか》るときも全身全霊で

ここまで、子どもの小さな成長を〝心から認め、ほめ、励まし、そして期待する〟ことの大切さについて、ことさら強調してきました。それは大人の側《がわ》が常に意識していないと実行が難しいからです。**しかしながら、「ほめることだけしていて子どもが立派に成長するか」といえば、そんなことはあり得ません。人の迷惑になる言動があったり、ルールを守らなかったりするとき、あるいは礼儀をわきまえない場合などは、断固たる姿勢で叱ることが必要です。これをおろそかにしていると、なまくらで、いい加減な人間を育てることになります。**

最近、お父さんのなかでも、子どもに嫌われたくないせいか、本気で叱れなくなっている人が増えてきているように思います。また、思春期の子を持つ親御さんのなかには、「言ってもムダ」との気持ちからか、真っ正面からぶつからなくなっているかたも増えているように思うんです。**しかし、叱るべきときに叱ってくれることで、その場はお互い気まずい状態になったとしても、子どもは〝自分のことを真剣**

に考えてくれている〟というメッセージを受け取ることになるんじゃないでしょうか。親がわが子に対して、真剣勝負でぶつかること自体が、親子関係をよりよくしていく、と私は確信しています。

ところで、私は父から「徳裕は大器晩成型だ」と常にプラス暗示を与え続けられて育ちました。そのため、学校でいくら悪い点数をとっても、成績で叱られることがなかったことは、すでに述べたとおりです。しかし、私がひとたび道徳的に悪いことをしたときには、烈火のごとく叱られました。とくに、悪いと自覚しながらも、わがままを押し通そうとしたときなど、父は私をひざの上に腹ばいにし、激しくお尻《しり》をたたいたものです。幼少期でしたが、「もうしません」と泣きわめきながら足をバタバタさせていたのを昨日のことのように覚えています。**お尻といえどもわが子をたたくというのは、親にとってもよほどのこと。当然のことながら、心が痛みます。何といっても自分の分身ですからね。でも将来、人に感謝され、信頼され、尊敬されるような、立派な大人に育ってほしい、と願うからこそ取る行動だと思うんです。事実、そうやって叱られたことにより、〝人として生きていくうえで、やってはいけないこととは何なのか〟という判断基準が、私の心に植えつけられました。**

父が私にそうしてくれたことに、いま心から感謝しています。もちろん、〝ふだんは自分のことを認め、ほめ、励ましてくれる父〟からの叱責《しっせき》だからこそ、子どもも心にも強く響いたのはいうまでもありません。

私も教室において、子どもたちがモラルに反する行為をしたときには叱っています。〈叱る〉といっても、感情的になるわけではありません。ほとんどの場合は、〝猛烈な気迫〟で、でも声は荒らげず、子どもに語りかけています。ただ、モラルに反する行動がくり返されたりした場合には、保護者のかたに事前了解を得たうえで、お尻をたたいたこともあります。もちろん、数年に一度程度のことでしかありませんが（笑）。

たとえば、教室でこんなふうに叱ったことがあります。

「今日の態度はなんだ！　見つからなければそれでいいと何度もうそをくり返す。先生から聞かれても、その場だけを何とかごまかそうとしらばくれる。この、正直でない態度が先生には許せないんだ。それが悪いことは、慎吾（仮名）にもわかってるはずだ。**慎吾の素晴らしいところは、いるだけで、場を和《なご》ませてしまうほどの明るい性格。それに、優しさだ。それにとっても親孝行じゃないか。いつもそのことをお母さんは自慢してるぞ。**そんな慎吾だからこそ、もっと正直になってほしいんだ。先生の言ってること、わかるか？」

そんなことをしゃべり、子どもにも納得させたうえでお尻をたたきました。その子は、いまも私を慕ってくれており、長年通ってくれている子の一人です。

ちなみに、厳しく接する場合、私はいまの事例のように、〝叱りながらでもプラスメッセージを入れる〟よう心がけています。親や先生に叱られているとき、それが厳しければ厳しいほど、絶望的な気持ちになる子だっているはずです。「ぼくのことが嫌いだからこんなふうに言うんだ」と思われたり、反感を持つのみになったりしても逆効果です。**叱りながらでも、そこに「あなたには、こんなにいいところが、たくさんあるじゃないか」というような救いの言葉が少しでもあれば、子どものほうも悪かったことを素直に受け入れやすくなるんじゃないでしょうか。**

誤解のないよう付け加えておきますが、私はけっして〈恐怖政治〉をしたわけではありません。そもそも、民間教育機関の場合は、学校と違って、子ども自身やお母さんが「いやだ」と思えば、その日にでもやめることができるのですからね。**彼の場合も、私はふだんから、小さな変化を見つけては心からほめていました。また、彼の素晴らしいところを、年に何通もはがきに書いて、心から認め、ほめていました。その私に思いっきり叱られ、お尻をぶたれたことは、痛いとともに悲しかった**

のではないでしょうか。この痛い思い、悲しい気持ちが子どもを成長させる、自らの経験をとおして私はそう感じるのです。

また、〈叱る〉というのは、どうやったってネガティブな行為であることは疑いもないことですよね。それだけに、叱ったあとの対処が大切だと思うんです。では、どうすべきか。**雷を落としたあとは、スパッと忘れる、あるいは忘れたフリをしてあげることです。**私の場合も、こっぴどく叱られた翌日、恐る恐る父の前を通り過ぎようとすると、父は前日のことがうそのように優しい笑顔で接してくれました。**このことが、どれほど私の心をホッとさせたことでしょうか。**「パパはぼくのことが嫌いなわけじゃない。悪いことをしたから叱られたんだ」という気持ちがさらに強まったのを覚えています。これぞまさに、〝雷のあとに快晴〟という最高の叱り方だと思うんです。

正反対なのが〈梅雨型〉の叱り方。何かあるたびに、半年前のことまで持ち出す。翌日になっても前日のことを引きずる。おまけに感情を爆発させた声。これでは、子どものほうもたまったもんじゃありません。また、そんな際はお説教することも多いかと思うんですが、これがたいてい長い。心理学的に見ると、お説教というのは良い話に違いないので、話をしている本人がだんだん自己陶酔してくるそうです。

いっぽう、子どものほうは説教時間が長びくことで、反省していた心も反抗する心に変わってきます。「しつこいなぁ。何時に終わるねん」と。そんな態度を見ると、叱っているほうも「まだ、わかっとらん」と、よけいに同じ話をくり返しだす。結果、「うちの子はいくら言っても聞かないんですわ」となるのではないでしょうか。

いま、不登校、いじめ、家庭内暴力など、さまざまな問題が多発しております。しかし、子どもはある日突然おかしくなるわけではありません。子どもが必死に発信しているシグナルに周りの大人が気づかず、おざなりにほめたり叱ったりしているうちに、だんだん心を閉ざしてしまうのではないでしょうか。子育てをしていくなかで生じる一つひとつの問題に、場当たり的な対処の方法では、根本的な解決には至りません。**肝心なのは〝真剣勝負で子どもにぶつかる姿勢〟です。「真剣勝負」とは、〝心と心、魂と魂をぶつけ合う〟ようなイメージです。つまり、叱るという行為も、ほめるときと同様、場当たり的ではなく、全身全霊ですべきだと思うんです。親と子が、魂と魂でぶつかり合うような、ギリギリの葛藤《かっとう》があって初めて、本当の絆《きずな》ができていく、私はそう確信するのです。**

（なお、ここぞというときにお尻をぶつのはいいのですが、けっしてそれ以外のところに手は出さないようにしてくださいね。危険ですから……）

親の背中は、どんな言葉よりも説得力がある

企業においても、家庭においても「風土」と呼ばれるものがあります。この「風土」というのが、実は想像以上に大きな影響をわが子におよぼすのです。ここでは、母のエピソードを交えてお話ししたいと思います。

私の母は、教歴四九年。七三歳まで、実に半世紀、教育という仕事に携《たずさ》わっておりました。六五歳当時は、梅花短期大学で教えていました。しかし、定年が刻一刻と近づいていたのです。生涯現役でいたいという願望の強かった母は、そのころ私と共同購入したテープ（中国古典やアメリカの偉人などの成功事例を収録したテープ）を毎晩、聞いて勉強しておりました。そのなかにこんな話があったんです。

「何か人に物を頼みたいと思ったら、電話じゃなく手紙にしなさい。電話で思いを伝えても熱意が伝わるのはそのときだけだが、手紙は読み返すことができるので、くり返し相手に熱意を伝えることができる。また、何かをお願いするなら、あなたの願い事を解決できる責任者に（それが市の問題であれば、市長に）いますぐ手紙

を書きなさい」と。

くり返しくり返しテープを聞いていた母は、さっそく行動に移しはじめました。市長や通学できる範囲の大学の学長に、片っ端から手紙を書いたのです。もちろん、どのかたも見知らぬかたばかりです。「私より英語がじょうずなかたはごまんとおられるでしょう。しかし、私は教歴四十数年のなかで、生徒たちにやる気の苗を育むことに関しては人後に落ちません……」という内容がメインだったようです。

いまの時代、大学の先生になるのもたいへんです。大学院まで出た秀才が、非常勤講師（アルバイトの先生）のまま三〇歳を越えることも珍しくありません。そんな時代に、定年を過ぎてから大学に復職するのは不可能に近いと考え、行動を起こさずじまいになるのがふつうではないでしょうか。しかし、母はあきらめませんでした。粘り腰で積極的に行動した結果、断られる場合もていねいなお手紙やお電話。そして、「ぜひ来てほしい」という大学が複数あったのです。実際に母が就職してみると、定年後に就職していた教授はそのほとんどが、偉～い先生（元最高裁裁判長、元新聞社編集局長）ばかりだったそうです。多少ひいきめに考えても、母の入る余地はなかったのでは……、と思うんですが、〝強烈な願望＋具体的な行動〟が奇跡を起こしたのでしょうか。

さて、このように、身を持って示してくれた母のあきらめない姿勢や行動力は、私にとって大きな財産になっていることはいうまでもありません。

これまで述べましたように、プラス暗示や努力する精神をわが子に伝え続けることはたいへん重要です。これに加えて、親自身が率先垂範《そっせんすいはん》して努力する姿勢を見せることで、ふだんの言葉にずしりと重みが増すのではないでしょうか。そして、そういう積み重ねが、やがては良い家庭の風土を形成していく……、私はそう思っています。**企業でも同じ。口やかましく命令するだけで、自分は何もしないという上司の訓示を、だれがまともに聞くでしょうか。お母さんがたのなかでも、お勤めになった経験のある人ならよくおわかりだと思いますが、「あんたがまず実行したらどないやねん」**

そう思うものではないでしょうか（笑）。そして、部下はみんな、善《よ》くも悪くも上司を模範としはじめますから、やがては、その上司と同じような社員の集団になり、結果、それが風土となるのです。子育てもまったくいっしょですね。

話をもどします。母も昔は平均的な母親でした。口やかましく、ヤイヤイ言うだけの時代もありました。父のほうが〈教育観〉を確立させていたので、出来の悪い私に対して不安がる母に、「心配せんでもえぇ。徳裕はあとで必ず伸びてきよる」と安心させていたようです。ですから、平均的な母が子どものやる気を育むようになり、かつ行動力もついてきたのは、「子どもを変えるには、まず親自身が変わらなきゃダメ」を実践しようと、日々反省をくり返した結果です。あとで聞くと、のどもとまで出てきた言葉を、「ここで感情をぶつけちゃいかん」と必死の思いで飲み込んだことが幾たびもあったとか。いまは私が日々反省しながらもがいています。

そして、〝子どもを変えるには、大人自身が率先して行動すること〟を実践しようともがいていくなかで、わかったことがあります。**それは、「そうなりたい」と思い、行動しようともがいていると、別段自分では変化していないように思えても、半年、一年というスパンでみたとき、間違いなく自己変革できているということです。**ふつう理想を追求しようと思ってもなかなか思うとおりにいかないもんだから、だんだん「理想と現実は違うのよねぇ」と弱気になってきますよね。私の教室に子どもを通わせてくださるお母さんも、面談に来られては「反省ばっかりでまったく進歩がない私です」とよくおっしゃいます。**けれども、〝反省しているというそのこと自体が、その人を進歩させている〟のです。**

「日々反省なんて、私にできるかしら……」

そう思われたお母さんに、それを楽しみながらできるようになる方法を一つお教えします。〈一〇〇円貯金〉です。たとえば、「今日はわが子のいいところを認めることもなく、またヤイヤイ言ってばかりいたなぁ」

そう反省されたなら、寝る前に一〇〇円だけ貯金箱に入れるんです。貯金箱が満杯になったとしたら、それだけ〝認める〟ことを意識された証拠。そんなお母さんなら、間違いなく変身できます。それに貯金もできて一石二鳥。実際にこれを実行されて、貯金箱にたまったお金を子どものクリスマス・プレゼントなどにあてているお母さんもおられるんですよ。

また、お母さんがそうやって前向きに試行錯誤されるうちに……。そうです。ほかならぬお母さんの〈心〉が高まり、内面からより美しく、より光り輝くようになっていくんです。日々のあきらめない努力やあきらめない姿勢、認める優しい心などが家庭全体の風土となったとき、これほど素晴らしい家庭環境はないと思うのですが、いかがでしょうか。

強制は反抗を生む

私が大学時代にテニスコーチをしていたときの話です。初めのころは初・中級者を対象にレッスンしていた私も、大学二年からは上級者相手に教えるようになりました。しかし、テニススクールの上級者といっても、一部の人たちを除けば、そのほとんどがストレスがたまっているのか（笑）、ろくに入りもしない速い球《たま》を打とうとするだけなのです。まずは、ゆっくりとしたスピードで、狙《ねら》ったところに打てるまで反復練習しなければ、速い球でのコントロールなどできません。つまり遅い球でのコントロールすらできない人が、本人の力量を逸脱した速い球でコントロールしようとすることは、無駄な努力でしかなく、長時間勉強はしたけど実力はつかなかった……、というのと同じ現象が起きるわけです。

そんな生徒の様子を見ていた私は、歯がゆくて仕方がありませんでした。生徒が苦手とするバックハンドなど自分のいうとおり、ゆっくり打つようにすれば間違いなく上達するのに……と。しかし、「ゆっくり打ちましょう。そういう練習では、試合で絶対に通用しませんよ」と声を張りあげればあげるほど、嫌がらせのように速い球を打ってくるのです。**当時、まだ人を教えることに未熟だった私は、心のなかで思いました。「せっかくうまくしてやろうと思っているのに、なんちゅうヤツらや！　人のいうこと聞かんヤツは、結局ヘタクソのままなんや。悪いのはオレやない。生徒のほうなんや！」と。**

しかし、当初はそんな教え方しかできなかった私も、生徒により信頼されるコーチになりたいと悪戦苦闘するうちに、人の心理状態を考えられるようになりました。そして自分のいうことにことごとく反抗された理由がわかってきたのです。そう、強制は反抗を生むのです。そうでなくとも、ストレス発散のために通っている人がほとんど。その人たちに対して、二〇歳前後の若造が、本人も苦手と意識しているバックハンドの欠点を指摘したうえ、「こうしなさい！」と強制しているわけです。反抗されて当たり前ですよね。

それからというもの、私は本人の苦手なところにはいっさい目をつぶり、素晴らしいと思ったところをほめまくる、長所伸展法に変えました。「いやぁ、フォアがうまいですね。そんなに打てたら仲間うちではいちばんでしょ」と苦手なバックのことにはいっさい触れず、得意なフォアのことだけをほめたのです。するとどうでしょう。生徒のほうから「木全《きまた》コーチ、実はフォアはいいんですが、悩みの種はバックでして……」と言ってくるのです。そこで私はすかさず、「ゆっくり打ってみてはどうですか。私はいまでもそんな練習をしていますよ」と強制でなく提案の形で水を向けたのです。そしたら、なんと、反抗していた人が、素直に私のアドバイスに耳を傾けるではありませんか！ そして、その生徒は教えたとおりやってくださるようになり、結果、バックハンドが得意になっていったのです。

何をいいたいかは、もうおわかりでしょう。**九割以上のお母さんは、子どもの欠点を指摘するのがとてもじょうず（笑）です。そして欠点を指摘したあげく、「〇〇しなさい！」と強制します。しかし、前述の話でおわかりのとおり、子どもも大人も関係なく〝強制は反抗を生む〟のです。**逆に、長所を認められると、心が開かれ素直な気持ちになれるんです。私のテニスコーチ時代を考えても、自分の対応が変われば相手の対応も変わるものです。

さて、次の手紙は、あるお母さんからの手紙です。お子さんはまだ公文式の教室で学習を始める前でしたが、教室でお母さんと私が面談し、帰りぎわにお渡しした「教室だより」*を読まれて書いてくださったものです。

⊙
教室だより　公文式の教室と家庭をつなぐコミュニケーション・ツールとして毎月発行されている情報紙。発行者はその教室の指導者。
生徒を伸ばすための保護者の心構えや生徒事例、
その月の学習日などの情報が掲載される。

（前半略）先生が弾丸のように次から次へとお話しされるので、一時間半以上もの時間が、私にとっては、あっという間でした。でもそのあっという間だったと思われる時間のあいだに私の気持ちの変化があったことはいうまでもありません。そう、行く前と、お話をお聞きした後では、子供に対する思いが、また違うものに変化し、接し方もある部分では変わりました。今まではただ漠然と子育てしていて、時折、子育てについての講義や友達のお母さんなどから「あんなことはいいよ。こんなことやってみたら」と言われるとそれを取り入れてみたり、また、やめてみたり……、という日々でした。それが、子供を育てる上での重要なポイントや具体的な例をとても明確にお話してくださったのは先生がはじめてです。私自身が子育てに対する目標みたいなものができました。

あの日帰宅すると、さっそく『NHKおかあさんといっしょ』のカセットテープをひっぱり出してきて流し、子供たち二人をお風呂に入れて食事した後、就寝前には『おひさま』という童話雑誌なんですが、読んであげました。

扶美（仮名）が幼稚園に入園するまでは、毎日とは必ずしも決まっていませんでしたが、童謡を流したまま遊ばせていたり、寝る前には本を読み聞かせしたりもしてきました。ところが、この四月に幼稚園に入園してからというもの毎日の忙しさに私がかまけて、まったくといっていいほど怠っていました。

それをまた復活できたのは、先生のお話のお陰です。私って単純かなと思いながらも、なんだかわくわくするような気持ちで、子供への読み聞かせもできました。(正直いってめんどうだなと思う日も以前はあったので、この気持ちを忘れないようにしていきたいです。)その興奮がさめやらぬうちにと、子供たちを寝かしつけた後こっそり起きてきて、教室だよりを拝見させていただきました。教室だよりを読んで、現在の私の心を突き破ったのが、[強制は反抗を生む]という内容でした。今までの私が子供にしてきたことは、これだったと深く深く反省しました。親子関係がうまくいっていないと感じながらも、くり返しくり返し私がしていたことは、強制でした。最近では子供の方から指摘を受けるようになり、これではいけないと思いながらもなかなかたちきれませんでした。でもこの内容を読んで、なんだかふっきれた気がしました。また以前のような母親に戻らないように心して、戻ろうならば何度もこの教室だよりを読み返さねばと思っています。

(原文から一部抜粋/太字の強調は筆者による)

私はこの手紙のなかの「なんだかわくわくするような気持ちで〜」のくだりが大好きです。読んでいるだけで心がほのぼのしてくるんです。

子育ては二〇年弱かけて社会に貢献できる人材を育てていく大事業。その途中では、やきもきさせられたり、イライラしたりすることも幾度となくあるでしょうが、そのいっぽうで、親でなければ味わえない喜びもたくさんありますよね。同じ子育てするなら、このお母さんのように「わくわくするような気持ち」を持ち続けていきたいですね。

このお母さんはいま、地域の子どもたちにボランティアで〈読み聞かせ〉をしようと図書館で講座を受けているとか。そして、そんな前向きな行動ができるようになったのも、原点はこの手紙を書いたときだったと回想してくださっています。

人は意識し、行動しようと決意したそのときから、変革しはじめるものなんでしょうね。

壁に向かって念仏！

私の場合、幸運なことに、父も母もほめ育てをしようと必死になってくれました。それでも、母のほうなどは、ヒステリーなときもしょっちゅうありました。でも、「必死にほめようと努力してるんだな」ということが、高校生ぐらいのときには子どもながらに伝わってきたものです（笑）。

さて、その母は大学で英語を教えておりましたが、その講義のときも、ゼミのときも主眼としたのは〝学生たちにプラス暗示を与えること〟でした。**「心の持ち方一つで人生が変わる」ということを常に学生たちに話し、彼らに自信と勇気を与えたのです。**すると、どうでしょう。講義のあと、数名の学生が母の研究室にやってきて言ったそうです。

「私は、いままで、この大学に在籍していることに劣等感を感じていました。でも、先生のお話を聞いて、そんな気持ちがふっとびました。先生とお会いできただけでも、この大学へ来たかいがあります」

母が高校の教師をしていたころにも、こんな話があります。その高校でもっともぐれており、他の先生が怖くて近寄らなかった生徒がいたのです。その彼に対し、母が愛を持って叱り、そして「あなたは可能性の宝庫に満ちあふれている」ということを暗示したそうです。その結果なのでしょうか。いまから二〇年近く前、母にその生徒から「現在、ある会社の社長をしています。いまの私があるのも、あのときに先生が叱咤《しった》激励《げきれい》してくれたからです。先生なしに現在の私はあり得ません」と連絡してきたのです。

このように、他人がプラス暗示を与えた場合でも、こんなに子どもの人生を左右するのです。毎日生活をともにしている親が、わが子の人生を大きく左右しないわけがありません。ですから、わが子がかわいいなら、どうあろうとプラス暗示を与え続けるべきなのです。

私が反抗期のときも、母は実に辛抱強くプラス暗示を与え続けてくれました。反抗期の私は母の言葉に対し、無視するか、口を開けば「もうその話は前に聞いた。何回も言われんでもわかってるわ。うっとうしい」と憎まれ口をたたいていたのを覚えています。

しかし、それにもめげず、本当に壁に向かってしゃべっているんじゃないかと錯

覚するほど、私が聞く態度を見せていようがいまいが、「あんたは、将来伸びるんやでぇ。お父さんがいつもそう言ってたやろ」というような調子で、プラス暗示を与えてくれたのです。そして教育界に入ってわかりました。辛抱強く、プラス暗示を与え続けられた結果、無意識のうちに、それが私の血となり肉となっていることが……。そうです。年がら年じゅう言われ続けていることは、潜在意識の奥深くに浸透していき、子どもの人生に大きな影響を与えるのです。

笑い話ですが、現在に至っても、母は私に、つぶやきながらプラス暗示を与えようとしていることがあります。母は枯れそうになった花を再生させる名人なんですが、そんな際、たまたま私が近くにいるときに聞こえるようにつぶやくのです（笑）。**「〈きれいな花を咲かせてなぁ〉と心から期待し、愛情注いで水をやってると、こんなにたくさんつぼみが出てきた。花を育てるのも人を育てるのもいっしょやなぁ。手をかけて愛情注いで育てていけば、必ずそれに応えてくれるもんやなぁ」と。**

こういうつぶやきが、教育の道を歩みはじめた私の〈肥やし〉となっていることはいうまでもありません。

プラス暗示の効力は恐るべきものです。小学校低学年のときから成績が悪く、自分に自信がなかった私も、この暗示のおかげで、自己肯定感を持つことができたようなものです。ですから、目先の学校の成績にとらわれて、子どもにヤイヤイいうなんて愚の骨頂。以前よりできるようになったところを的確に見つけてほめ、プラス暗示を与え続ける能力、これこそお母さんが身につけなければいけない能力です。

子どもがほめ言葉に対して反応しているかどうかなんて関係ありません。

〝壁に向かって念仏〟これがキーワードです！

次の手紙は、面談で「わが子にプラス暗示を与えるよう努力しましょう」とお伝えしたあと、それを実践したあるお母さんからいただいたものです。

木全先生、こんにちは。いつもお世話になっています。教室に通うようになって二ヵ月が過ぎました。「本の読み聞かせ」と「子どもをほめること」がどれほど大切かと説明を聞いた時、とても翔太（仮名）には無理だろうなぁと思いました。本に全然興味を示さず、親が自信を持って言える程、本が嫌いな子だと思っていたのです。「それは、お母さんが本のおもしろさを引き出す工夫をされていないからです」と先生に指摘され、そうかなぁ～と思いながら、その夜、本の読み聞かせに挑戦してみました。読み方を変えたり、大げさな読み方をしてみると、今まで見向きもしなかった本にその日で夢中になりました。私はこの四年間何してたんやろ。本の嫌いな子だと決めつけ、自分自身何の努力も工夫もしなかったことを反省しました。今までさぼっていた分、本を読み出すと、一時間ぐらいはずっと「まだ読んで、まだ読んで」の連発で寝かせてもらえません。この本の読み聞かせで驚いたのは、翔太は寝る時お父さんが横で寝ていないと絶対に寝ない子でした。それが本を読み始めた次の日から「お父さん、翔太、本読むからね。バイバイ。あっち行って寝ていいよ」って。これには主人もびっくり。「本読むだけで、こんなに変わるんか」って驚いていました。

それともう一つ。「子どもをほめる」。これが大変。翔太はわんぱくで、親の顔を見ながら叱られることをわざとやったり、叱ることはあってもほめる所が全くない、毎月の学習*の記録も書くことがなく、「今日はプリントをしようとしない」とか「カードを見ようともしない」とか、空白の多いまま先生に提出しました。

先生はプラス思考とマイナス思考のお母さんの話をして下さいました。まさしく私はマイナス思考である。悪いところばかり出てきて、良い面を全く見ていな

⊙
学習の記録　幼児期には子どもの知的発達の変化が見えにくい。
そこで、子どもの日々の成長を見やすくするため、
家庭で起こった出来事を記録にとどめておくもの。
わが子の成長がわかるので、イライラせず、結果としてほめ育てがしやすくなる。

い、見ようともしていないことを指摘され、「もしご主人に一日中、自分の欠点ばかり言われ続けたらどう思われますか？　何もする気がなくなってしまうでしょう」と言われました。

本当にこの言葉が私につきささりました。次の日からいつもの様に叱らず、切れそうになる感情をおさえて他の事でほめてみました。翔太の反応が全く違いました。叱られると反射的に物を投げたり、こわしたり、知って叱られることをしていたのが、いつもと違う私の反応に、じっと私を見つめ、ニッコリ笑って照れくさそうにしていました。

今はほめれることを何とか探し出し「偉いね、凄いね」とほめるように心掛けています。最近「お母さん優しい。翔太凄い、賢い？」とか自分から言って来てはニコニコして私に話しかけて来ます。

私は木全先生のところに子どもだけが勉強しに行っているのではなく、私自身が子どもに対する接し方、人間関係、子育てについて勉強しに行っています。これからも子どもの良いところをどんどんほめて、子どもの芽を摘むことなく、可能性を伸ばして行ける様、母子共に成長していきたいと思います。

（原文のまま／太字の強調は筆者による）

イライラしたら長〜い呼吸

いままで、いろんなことをいってきましたが、毎日わが子と顔を合わせていると、腹も立つもの。ですから、こういうお話をしたら、「おっしゃることはわかるんですけど、実行となるとなかなか……」となる。もちろん、これで当たり前なんだと思います。

また、「他人の子ならほめられるんですけどねぇ」というのも、私にいわせれば、その子に対して責任がないからだと思うんです。他人の子であっても責任を持って伸ばそうとすればするほど、ご両親と同じ心境、つまりは腹が立ってくるもんです。これも、私の精進が足りないせいなんですが（笑）。

かといって、かわいいわが子。「そういうもんだからしゃーないわ」ですませるのはつらいですよね。そこで、イライラしたときにいかに心を静めるか、一つの具体的方法をお伝えしますね。**その方法とは、〈呼吸法〉です。スポーツの世界では、メンタル・タフネス（精神的な強さ）を鍛えるために呼吸法を取り入れることはいま**

や常識です。ちょっとやそっとのことで、感情が激するような選手はたいした選手ではありませんからね。(昔、マッケンロー*という、試合中カッカきては物や人にあたるという、世にも珍しい世界ナンバーワン・テニスプレーヤーがいましたが、これは医学的にも解明できないくらい、きわめてまれな例だそうです)

武道でもスポーツでも、一流に近づけば近づくほど、ヤジを飛ばされても、相手から挑発を受けても、精神的にはけっして乱れない〈心〉というものを持っているものです。そんな精神状態を保つために、武道やスポーツでは〈呼吸法〉が取り入れられているのです。なぜでしょうか。

世界ランキング上位の一流スポーツ選手でも、ミスが続いてイライラしてくると、呼吸が短くなるそうです。呼吸が短いとは、吸う時間も短く、吐く時間も短いことを指します。これは、ストレスから短くなるわけです(そう考えれば、ストレスがほとんどない赤ちゃんの呼吸って、とっても長いですよね)。反対に、調子の良いときは、ゆったりと長い呼吸をしているそうです。**これを逆手に取れば……、呼吸が長いときは調子がいいわけですから、調子が悪くイライラしているときに、意識的に呼吸を長くしていくことで、〈静かな心〉が保てる……、というわけです。**

呼吸法を続けていくと、少々のことで怒ったり、感情が激さないようになってきます。私も昔は感情を激することが多かったのですが、激すれば激するほど、スポーツに限らず人生においても損をしているということに気づき、一〇年以上前から〈呼吸法〉を始めました。その成果か、いまでは昔と比べものにならないほど気が長くなり、カッとすることがほとんどなくなりました。また、少々激しても、すぐに静められるようになってきたのです。

私は、呼吸法を教室においても実践しています。**ついイライラッとなった場合も、すかさず長〜い呼吸を五回ぐらい行い、子どもの理解が遅いことで感情を爆発させたりしないように心がけています。これは、すぐにできて、なおかつ即効性の高い方法ですよ。ぜひ、お勧めいたします。**

呼吸法にも、いろいろありますが、まずは手軽な腹式呼吸あたりで試してみてはいかがでしょうか。〈6〉吸って、〈6〉止めて（このとき、おなかを風船のようにふくらませ）、〈12〉吐く（このとき、ゆっくりおなかをしぼませる）んです。**この、吸う息よりも吐く息のほうが長いというところがポイントです。これを毎日続けていけば、イライラは半減、心穏やかに子どもに接することができる日が、間違いなく増えてきます。**

子どもにもさせると、なおいいですね。子どもが学習を始める前に、目を閉じさ

⊙
ジョン・マッケンロー　1959年アメリカ生まれ。テニスのシングルスとダブルスの両方で、世界ランキング1位となる。4大大会（全米・全仏・全豪・全英〈ウィンブルドン〉）での優勝は、シングルス、ダブルス合わせて16回。楽しむこと、友人を大切することを信条とし、4大大会のダブルス優勝8回中、7回を親友のピーター・フレミングと組んで勝ち取る。

せたまま（瞑想《めいそう》状態に近づけて）数分間〈呼吸法〉を行い、心を落ち着かせるのです。もし、呼吸法を子どもの学習前に取り入れることができたなら、*α《アルファ》波状態での学習となりますから、驚異的に効果があがることは明白です。さらに、この方法を身につけさえすれば、実力はあるんだけどテストに弱いとか、プレッシャーに弱いということからも解放されます。

いずれにせよ、まずはお母さんが試してください。**お母さんの心が乱れっぱなしでは、子どもの心も乱れます。子は親の〈映し鏡〉ですからね。ぜひ、〝イライラしたら長～い呼吸〟というのを合い言葉にしてください。**

⊙
α（アルファ）波　大脳皮質の神経細胞が出す電気的変化を増幅し、器械や用紙に記録したものを脳波といい、α波は休んでいることの目安として認識される脳波で、リラックスの状態を表す。いっぽう、β（ベータ）波は緊張しているときを表す。

素敵なお母様への道①

…言葉の不思議な魔力

わが子を伸ばしたければ、子どもの良いところを見つけ出してほめるべき！　わかっていても現実は、「言うは易《やす》く行うは難《かた》し」と感じているというのが、偽らざる心境ではないでしょうか。同じ子どもの行動を見ても、他人の子にならｒ「すごいね」と優しい口調で言えるお母さんでも、ことわが子となると「そんなこと、できて当たり前でしょ！」となってしまう。よその子へのプラス暗示を、わが子に与えてあげることができたらどんなに伸びるだろう……、とお母さんがたも心のなかではわかっていながら、現実にはそれが実行できない。これ、親として、切実な問題ですよね。ここでは、〈素敵なお母様〉に自己改革するためのノウハウを書かせていただきました。ぜひ、お試しください。

自己改革のポイントの一つめは、〝自分は素晴らしい母親になるんだと決意。自分はそういう母親になりつつある……、と寝ても覚めても念じる〟こと。二つめは、

〝素晴らしいお母様ならするはずの言動を先取りして、すでに自分自身がそうなったかのように演じる〟ことです。

一つめは、自己暗示法です。潜在意識の奥深くに浸透させる方法です。

よく、「あんたは算数苦手やねぇ」と、マイナスの言葉をことあるごとに言い続けるお母さんがおられますが、これが子どもに暗示をかけているのと同じ状態になるんです。そして、常に言われ続けていると、子ども自身も「ぼくは算数が苦手だから、この問題もできない」と信じるようになって、やがて本当に算数のできない子になってしまうんです。これは悪い例ではありますが、こんなふうに、言葉というものには不思議な魔力があるわけです。これをプラス内容に変えて、かつ自分自身に向けて自己暗示を与え続けていけば……。そうです。自己変革ができるのです。

ところで、自己暗示をかける場合、〈～になりつつある〉という暗示のかけ方がとても重要なんです。というのも、〈～になる〉と断言口調で暗示をかけようとすると、「そんなん、うまくいくはずがない」というマイナスの気持ちが働き、かえって悪い結果をともなう場合があるからです。たとえば、テニスの場合でも「自分は○○大会で優勝する」というような断定口調の暗示のかけ方をすると、ものすごく意志の強い人は別でしょうが、ふつうは、「そんなこといっても、Aさんも強いしBさんも有名選手だし……」なんて考えはじめ、結局「そんなん不可能や」と、理性的に見える決断を下してしまいます。「優勝しつつある」という暗示のかけ方は、柔らかいため、スムーズに自分自身のなかに入っていき、マイナスの気持ちが起こりにくいのです。


　さて、二つめの〈言動の先取り〉について、極端な例で説明しましょう。

　不良になりたいと思った中・高生は、どうやってそれを実現するでしょうか。まず、寝ても覚めても、だれからも認められる立派な（？）不良になるぞと決意し、心底そうなりたいと願うそうです。**これが、本人の意識するしないにかかわらず、強烈な自己暗示となっているのです。**次に、**着ているものが、不良のような服装に変わります。タバコを吸い、シンナーを吸い、いわゆる立派な不良がしていることを先取りするわけです。言葉づかいに至っては、不良のしゃべり方をまねはじめます。そして、一生懸命まねているうちに、気がついたら正真正銘の不良になっているわけです。**

　このたとえとまったく同じです。こうなるぞ！　と強く決意し、そうなりたいと心から念じます。そして、素晴らしいお母さんなら、ここでどのように対応するだろう……、と考えて、それをまねします。これをし続けていけば、〈素晴らしいお母さん〉に変身していること請け合いです。そして、お母さんが変化したら、子どもも間違いなく変化します。前述のお母さんのお手紙にあったように……。自分が変化することなしに、子どもだけを無理に変えようと思っても無駄です。子どもは親の〈映し鏡〉なのですから。

ぜひ、〈素敵なお母様〉への変革を楽しんでみてください。先取り行動も、楽しみながら行うことで、さらにその効果は倍増するに違いありません。

素敵なお母様への道②

…無理せず、できるところから自己改革

「子どもの能力に人それぞれ差があるように、お母さんの能力にも当然のことながら差があります。その能力差というのは、学力うんぬんではなく、〝認める、ほめる、待つ、あせらない、腹を立てない〟をどれぐらい実践できるかだ」と公文さんは言っておられました。でも、これがなかなか難しい。立派なお母さんの話を聞いても、つい「それは〇〇さんだからよ」と思ってしまうものです。そこで引き続き、〈素敵なお母様〉に変革するノウハウを書いてみました。

自己改革の考え方は単純です。〇〇さんのりっぱな状態は自分の〈到達イメージ〉においておき、まずは、自分のできるところから一歩踏み出すことを目指すのです。

偉大なる教育者で哲学者である*森信三《もりのぶぞう》先生の言葉に、

「一〇のうち、九つほめて一つ叱る。これでもまだほめ方が足りない」

というのがあります。たとえば、お母さんがご自分をふり返ってみて、「一〇のうち一つしかほめてないわ」と感じられたとします。**そんなとき、まずは一つを二つ**

⊙
森　信三　明治 29 年愛知県生まれ。京都大学哲学科で西田幾多郎氏の教えを受ける。
知行合一（ちこうごういつ：知識と行為は別のものではなく、
知って行わないのは真の知ではないという考え方）を主な哲学とし、
人生を真剣に模索する人のために人生講話を説いた。平成 4 年 11 月、95 歳で逝去。

にする努力をするのです。一つを九つというと無理だとあきらめてしまいますが、一つを二つにならら意識すれば必ずできます。だって二つできていても、八つは怒りまくっていいわけですからね。気楽でしょ（笑）。そして、これができるようになったら三つを目指す……、というように、一つひとつステップを踏むわけです。こういうふうに、無理をせず一歩ずつステップアップをめざす方法は、子育てにおいて、とても重要だと思うんです。

幼児をお持ちのお母さんに〈本を読み聞かせてあげることの重要性〉についてお話しすると、決まって「今日から読み聞かせをがんばります」とおっしゃるんですね。そこで、私は言うんです。「いや、あんまりがんばらんとってください」と。**読み聞かせがいいからといっても、生活のリズムを崩してまで無理をして、数ヵ月後に挫折《ざせつ》するよりは（笑）、一日一冊ずつでも、読み聞かせるお母さんが楽しむぐらいのゆとりを持つことで、子どもにとっても本の楽しさが倍増するんです。**運動も良いからといって無理をすると逆効果なように、子育ても良いといわれていることをすべてやろうとすると、精神的に追い込まれてくるものです。

また、はまりすぎて、「よし、これで今日のノルマ、一〇冊を達成！」なんてこと

になったら本末転倒。それこそ、何のために読み聞かせするの、ってことになりかねません。あくまで、できることから始め、少しずつレベルアップを目指すのが、だれでも長続きして、かつ効果のあがる方法なのです。

私も、尊敬する人の話を聞いたり、立派な人の本を読んだりすると、自分自身のレベルの低さにショックを受けることがしばしばです。そんな際、いつも〝まずは、できるところから〟の発想で、地味な努力を積み重ね、少しずつレベルアップしていけば、間違いなく人間として成長していける……、と考えるようにしています。子どもの学習と同じ。あわててレベルアップを図ろうとすると、ろくなことはありません。

しかし、そんなふうに努力していけば、お母さん自身に変わったという意識がなくても、周りの人から「〇〇さん、半年前と別人みたいね」と言われているかもしれませんよ（笑）。ですから、なかなかレベルアップできないわ、なんて悩む必要はありません。**何より、子育ての場合は、お母さんやお父さんの努力している姿そのものが、子どもへの暗黙の教育につながるのです。それに、カッカすることが減れば、結局、得をするのはお母さん自身です。どう考えても、腹を立てるというのは美容と健康によくありませんからね。**

お母さん自身がいつまでも健康で美しくあり続けるためにも、ぜひ、〝まずは、できるところから〟の発想で、〈素敵なお母様〉への変身にチャレンジしてみてください。

☆

私も偉そうなことを言っておりますが、毎日が反省の連続です。つい先だっても、あるお母さんに、子どもと私のエピソードをお話しし、自分の至らなさを素直におわびしたばかりです。そのエピソードをかんたんにご紹介しますね。子どもの名は、雅人くん（仮名）。小五。典型的やんちゃ坊主です。

――今日は中村さんにおわびしなきゃいけないんです。雅人くんは、いつも仲良し三人組で教室へ来て、教室のうしろのほうに陣取るんですよ。

お母さん「まぁ。また、友だちとしゃべりながらしてるんじゃないでしょうか」

――中村さん、実はね、私もまだまだ人間ができておりませんので、雅人くんたちが姿を見せると「あっ、やんちゃ坊主三人衆のご登場。気合い入れなあかんなぁ」と思っていたんですね。そして、予期したとおり、友だちどうしでしゃべりながら教材を解こうとするのを見て、「おい、雅人、ちょっと来い。教室は何しに来るところだ!」と、いらぬ説教をしていたんです。

お母さん「まぁ、先生にご迷惑ばっかりかけていたんですねぇ。ほんとにすみません。うちに帰ったら強く叱っておきます」

――いやいや、そういう話じゃないんですよ(笑)。まぁ、聞いてください。私はいつも、教室内で机間《きかん》巡視《じゅんし》をしながら、生徒の学習の様子を観《み》ているんですけど、その日は「今日はしゃべらさないぞ!」という〈負の気持ち〉を持って、近くで学習状態を観察したんですね。すると、どうでしょう。雅人くんが、「先生、一気にやるからマルつけて!」と言って、集中して解きだしたんです。そして、ふだんは三〇分以上かかって解いている二桁《けた》の難しいわり算七〇問をたった一〇分でかたづけてしまったんです。

お母さん「まぁ、ほんとですか!」

――それだけじゃないんです。その様子を横で見ていた友だち二人も、刺激を受けて一気にやり遂げてしまったんです……。

お母さん　「そういう集中力をいつも発揮してくれたらいいんですけど……」

――いや、彼らには、私にもっと注目してもらいたい、という気持ちがあったんじゃないでしょうか。それを、雅人くんたちがしゃべりながら解いているという現象面だけをとらえては、叱っていたのです。子どもを信じないで、先入観で彼らを観ていた自分はなんと愚かだったことでしょう。ほんと恥ずかしい限りです。

お母さん　お母さんがたに、「子どもにはこう接するべきですよ」なんて言ってる私自身が、まだまだこの程度なんです。しかし、いっぽうで、反省する気持ちを持って行動していれば、知らず知らずのうちに確実に向上していくもの……、と数年前の自分といまの自分を比較して強く思うんです。

第三章

私が選んだ教育法「公文式」

「社会に出たときに、自立して目標を持って人生を歩み、
社会に貢献できる子に育てたい」というのが私の願いです。
私にとって、これこそが第一義であり、
「公文式という教育法が先にありき」ではないのです。

やってよかった公文式

私は〈子どもを伸ばすこと〉〈人を伸ばすこと〉について、有形無形に学んできました。とくに、〈人を伸ばす〉〈やる気を育む〉という命題では、ある時期、母としょっちゅう議論を戦わせもしました。

そしていま、私にとっては毎日が実践の連続です。教室で子どもたちやお母さんがたを相手にした仕事だけではありません。会社では、社員の成長を支援する職務を担《にな》っています。**双方の仕事に共通するのは、やる気を育み、人が能動的な姿勢で学んでいく意欲がかきたてられるような〈場〉をつくっていくことです。そうすれば、人がもともと持っている「向上したい」という気持ちに花が咲きはじめ、どんどん〈自らの可能性を追求していく喜び〉を感じるようになるのです。**

そういう考えを持っている私がいま、子どもたちにとって最高だと思っている学習法が、実は公文式なのです。断っておきますが、私が公文の社員だからいっているわけではありません。**教育者の端くれである私にとって大切なのは、公文式学習**

法そのものではなく、〝社会に出たときに、自立して目標を持って人生を歩み、社会に貢献できる子〟に育てることです。そういう子を一人でも多く育てるのが私の使命だと思っています。しかし、それを実現していくうえで、子どもたちの成長していく様子を見れば見るほど、公文式の奥深さを感じる毎日なんです。

「われわれのその子に対する言動が、いずれ社会に出たときに、本当に本人のためになるのか否か」

私たちはこの一点を判断基準に、日々、自問自答しています。子どもの〈明日の笑顔〉につながるのかどうか、が判断基準と言い換えてもいいでしょう。**〈今日の笑顔〉のために、子どもを目先喜ばせるだけならかんたんです。しかし、そうすることが、本当にこの子が社会に出たときに、自分の力で人生を切り開いていく力を育むことにつながるんだろうか」と自問自答すると、必ずしもそうではないことが多々あるはずです。**だからこそ私たちは、この判断基準に、あくまでもこだわるのです。

さて、次の作文は、小五で学習を始めた女の子が、中一になったときに書いたものです。とても活発な子で、スポーツ大好き、勉強大好き少女です。公文式の学習をとおして得た実感、成長するエネルギーが感じられます。

公文式に夢中

杉原真砂子（仮名）

「計算、速いな」

頭の上から先生の声が聞こえた。周りを見ると、みんな必死でプリント解いてる真っ最中やった。「おっしゃ、一番や」心の中でつぶやいた。「公文て得やな」こうも思った。

私が、公文を始めたのは小学五年の一二月。家に公文のチラシが入ってたのがきっかけやった。前から塾に行きたいとは思っていた。チラシを読むとなんと、無料体験学習実施中。無料・無料。無料が頭を駆けめぐる。これは、行かな損や！

無料ということで、ゴリ押ししてなんとか体験学習にこぎつけた。行ってみると、いきなり診断テスト*とかいうのをした。それからというもの、プリント解いたら「速い。すごい」本読みしたら「うまい。すごい」もう、ほめまくり。おだてやってわかってても、うれしかった。それに一〇〇点ばっかりで楽しかった。そのペースで一気に入会。

それから半年後、算数はFの四則混合。それが、第一回目のスランプやった。

⊙
（学力）診断テスト　公文の教室で学習を開始するときに、本人の現在の学力がどの程度かを診断するテスト。時間と正答数をもとにして、学習を始める教材のレベルを学年に関係なく個人に応じて決定するテスト。

算数だけ解くのがいややった。三〇分くらいかかってやっと解いたのに間違い直しがガバッって出てくる。やる気もおこらんかった。泣きそうになったけど、かっこ悪いからトイレに逃げ込んだ。解かれへんのがくやしかった。先生が言ってくれる「がんばったね」もしゃくにさわった。そやけども、アホみたいに同じとこずっとやっとったら解けるようになった。そこそこ一〇〇点も出るようになったし……。F教材の終了*テストが終わってI群《いちぐん》合格やった時、うれしかった。でも、ほっとした気持ちの方が強かった。

そんなスランプもあったけど、今はH教材。そんなに早くはないけど、学校の授業よりは早い。今の数学なんかは楽勝。簡単すぎてひまなくらい。そやから友達が、数学わからへん時なんか、公文入ったらこんなん楽勝やのにって思う。

公文はほんまにすごい。みんなに公文をすすめてあげたいくらいや。そやから、私ががんばって公文ってすごいってことをみんなに教えたい。これからもがんばって教材すすめて、世のため人のためになるすごい人間になったるでぇ。

（原文のまま）

⊙
終了テスト　公文式の学習で、ひとまとまりの教材を終えるごとに、
習得度合いを確認するために行うのが終了テスト。
判定はⅠ（いち）群からⅣ（よん）群まであり、
Ⅰ群はもっとも時間も速く、正解率が高いことを示す。

リハビリセンターでも劇的な効果！

「教育リハビリ」[*]という言葉をご存じでしょうか。兵庫県神戸市西区にある県立総合リハビリテーションセンターでは、専門の学習指導員が公文式の教材や教具を使って脳に刺激を与える「教育リハビリ」を取り入れ、機能回復の一助にしています。二〇〇〇年二月二八日の毎日新聞夕刊には、『教育リハビリ』って何？」というテーマで、その様子が大々的に取りあげられ、そこには「脳を損傷した人へ希望を与える試み」という見出しが踊っていました。

同センターには脳内出血や労災、交通事故などで頭や首、腰を損傷し、半身不随などの障害を負った一八歳以上の一四八人が通い、車いすの操作や自動車の運転の訓練などを続けている。

学習室で教育リハビリに取り組んでいるのは、うち約三〇人。平日の午前二時間、午後一時間の計三時間を学習時間に充て、英語、国語を含めた三教科を富永さんと村井杏子さ

⊙
教育リハビリ　受傷したあと、少しでももとにもどれる、あるいは残存機能で新しい生活が始められるよう、手や足の訓練と同じように、社会で通用する常識としての読み・書き・計算での思考訓練を行うもので、ここに登場する富永繁男先生が提唱している。

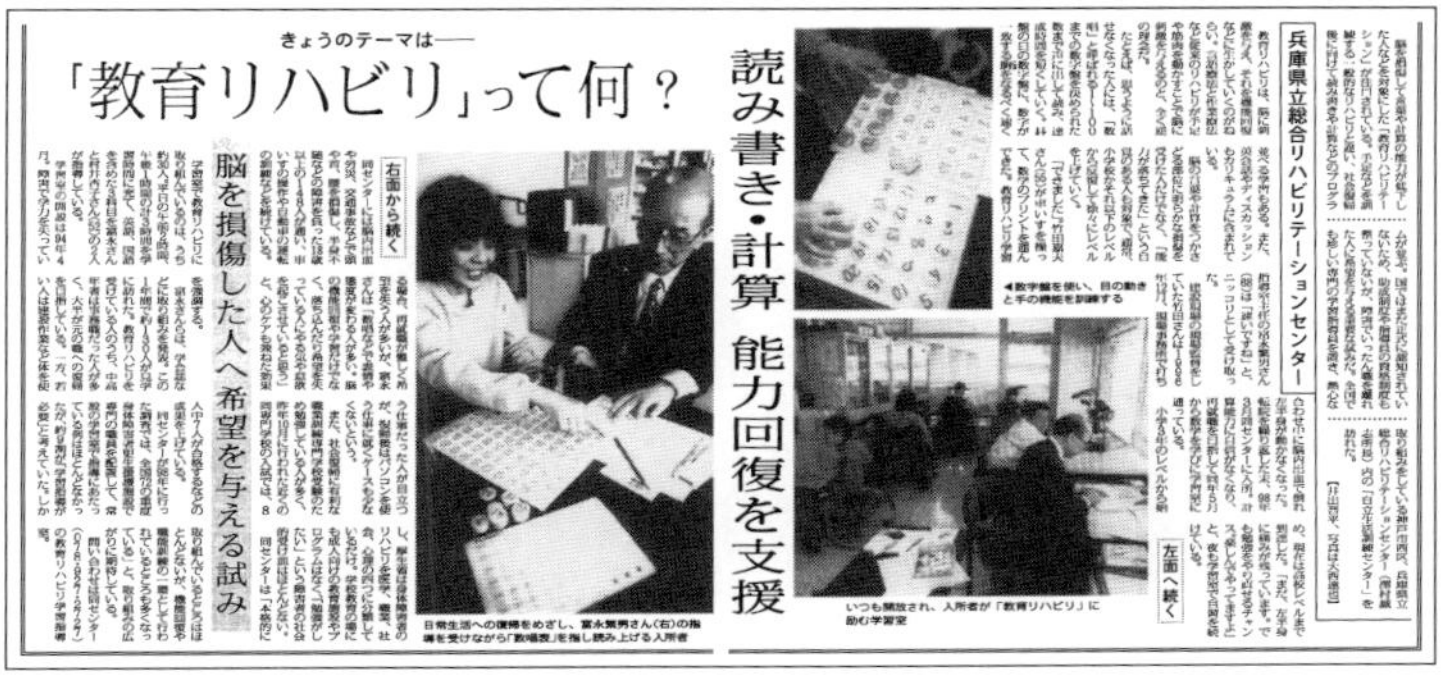
きょうのテーマは――
「教育リハビリ」って何？
読み書き・計算 能力回復を支援
兵庫県立総合リハビリテーションセンター
脳を損傷した人へ希望を与える試み
◀数字盤を使い、目の動きと手の機能を訓練する
いつも開放され、入所者が「教育リハビリ」に励む学習室
日常生活への復帰をめざし、富永繁男さん（右）の指導を受けながら「数唱表」を指し読み上げる入所者
右面から続く
左面へ続く

▲毎日新聞（大阪版）2000年2月28日夕刊より

んの二人が指導している。

学習室の開設は九四年四月。**障害で学力を失っている場合、再就職が難しく希望を失う人が多いが、脳富永さんは「数唱*などで表情が変わる人が多い。脳の機能回復や学習だけでなく、落ち込んだり希望を失っている人にやる気や意欲を起こさせていると思う」と心のケアも兼ねた効果を強調する。**

富永さんらは、学会誌などに取り組みを発表。この一年間で一三〇人が見学に訪れた。教育リハビリを受けている人のうち、中高年者は事務職だった人が多く、大半が元の職への復帰を目指している。一方、若い人は建設作業など体を使う仕事だった人が目立つが、復帰後はパソコンを使う仕事に就くケースも少なくないという。

また、社会復帰に有利な職業訓練専門学校受験のため勉強している人が多く、昨年一〇月に行われた近くの同専門学校入試では、八人中七人が合格するなどの成果を上げている。（太字の強調は筆者による）

⊙
数唱　数字を「1、2、3、……」と順番に唱えること。
数唱をくり返し行うことで、
十進法による数の規則性が理解できるようになり、
たし算やひき算などの計算力を養うのに効果がある。

私は以前、同センターの自立生活訓練センター・学習室に富永繁男《とみながしげお》先生を訪ねていったことがあります。富永先生は、かつて*ドクちゃんを公文式で教育リハビリされたことで有名です。また公立中学校でも二八年間にわたり、公文式の教材、教具を使って障害児教育に携わられた豊富なキャリアを持つ先生です。

さて、その学習室。もう、本当に感動しました。なんと表現していいかわからないほどです。学習しているのは、ある日突然起きた交通事故、脳卒中《のうそっちゅう》、脳梗塞《のうこうそく》などで重度障害に陥り、言語、あるいは足や手などが不自由になったかたばかりです。学習室におられるそのほとんどの人が車いすでの生活でした。にもかかわらず、皆さんすごく明るいんです。

左足を切断されているある中年の男性は、黙々と国語教材を解いていました。

「私はいま、これを解くのがすごく楽しみなんです。ここの娯楽室にはゲームなどが置いてありますが、そんなのはむなしいだけ。でも、国語のH教材（中二相当の内容）を解いていると、パズルを解いているみたいで楽しいんです」

と晴れやかな顔で答えてくださいました。また、ある女性は、英語のK教材（大学入試センター試験レベルの内容）を解きながら、

「私は将来アメリカに行ってカウンセリングの仕事をしたいんです」

と夢を語ってくださいました。

とにかく、皆さんの夢や前向きさに、圧倒されたというほうが正直な気持ちだったかもしれません。学習室のかたがたは、自分にある日突然起きた境遇に対するショックを乗り越え、そのなかで新たな夢に向かって走りだしているのです。その空間にいるだけで、私のほうに勇気がわいてくるのが不思議でした。そんな気持ちを感じているところに、富永先生は、こんなお話をしてくださいました。

「やる気のない人間になんぼ足や手のリハビリをしたって効果はあがりません。ですから、自立するための意志力とか、あるいは忍耐力、集中力を高める必要があります。それには教育リハビリがいちばんです。それを画一ではなくて、個別の能力に応じて高めることができるのは、長い間、障害児教育をやってますが、公文の教材以外、私、知らないんです。多くの障害児教育には、細かいステップがありません。『教師の創意工夫に任せる』というのが、文部科学省の障害児教育でいつも言われる言葉ですけど、情報とか具体的な教材なしでは創意工夫をしようがないんです。思いつきでやれと言われてもできない。それが公文式にはある。**どんなにハンディがあっても、公文式で皆がそれぞれの能力の〈ちょうど〉を学び続けていくうちに、学力だけではなくて〈やってみよう〉という意志力や忍耐力など、自立するための**

⊙
ドクちゃん　ベトナム戦争時に散布された枯葉剤の影響で、
上半身が二人、下半身が一人という奇形児で 1980 年に生まれ、
分離手術を受けた双子の兄弟、ベトちゃん、ドクちゃんのひとり。

基礎をも高めることができるんです」

野村さん（仮名）という若い男性には、私自身もじっくりお話をうかがいました。脳梗塞で右手が不自由になってしまった野村さんは、教材を解くために、左手を使わざるを得ませんでした。学習の初めは、左手のリハビリを兼ねて、A教材（小一相当の内容）のたし算。答えがわかるのに、それがスラスラ書けないもどかしさを感じながら、野村さんは富永先生に対して「このおっさん、オレをバカにしとるな」と、最初はそう思ったそうです。しかし、以前のようにおいしいお酒を飲みたいという願望も、がんばりの原動力となっていた野村さんは、教育リハビリをとおして、その他のリハビリに対しても積極的になりました。結果、野村さんは、不屈の闘志でI教材（中三相当の内容）まで終了し、その年、ものの見事に職業訓練専門学校に合格されたのです。そして野村さんはこうおっしゃいました。

「A（教材）からI（教材）までがんばり抜いた先輩が実際におるんやで。やればできるんや！　ということを、今後ここに来る後輩たちに伝えたかった」と。

そして、なお素晴らしいことに、野村さんは合格したあとも勉強したい一心で学習室に通い、教材を解き続けておられました。試験合格のために勉強するのではな

い、**真の学ぶ姿がそこにあったのです。**人間は本来学ぶのが好きなんだ、それを確信するには十分な光景でした。

このほか、富永先生からは、数年前のある感動的な出来事についても聞くことができました。ある日のこと。「子どもの成長に気づいてあげる。そこから教育は変えていけると思う」という、公文教育研究会が全国紙をとおして投げかけた〈全五段主張型広告〉の拡大コピーが、学習室に投げ入れられていたというのです。富永先生が心当たりを探されたところ、交通事故で脳損傷《のうそんしょう》を負った福井さん（仮名）が、なされたことだとわかりました。

富永先生　「君がコピーしてくれたの？　リハビリセンターにはコピー機がないから、病院のほうまで行ってコピーしてくれたんだね。どうして投げ入れてくれたの？」

福井さん　「**ぼくも勉強したいんです。**担当のケアワーカーは障害が重いから勉強なんて無理って言うんです。でも、これ（新聞）を読めば読むほど、『ぼくも公文で勉強したい。これで勉強すれば生きていくうえで必要な力がつくに違いない』って思い、投げ入れたんです」

福井さんが拡大コピーしてまで必死な思いで直訴した「私も学びたい」というのは、悲痛な叫びだったに違いありません。障害を持っているか否か、あるいは障害の度合いが重いか軽いかに関係なく、人は本来学びたがっているんだとつくづく思います。日本の多くの子どもたちや一部のお母さんがたは、だれでも学べる環境にありすぎて、かえってそのありがたさに気づいていないとはいえないでしょうか。

また、富永先生はこのエピソードをお話しくださったあと、こんなこともおっしゃいました。

「ここにいてよく思うんですけど、障害を受けた人がねぇ、防衛本能というんでしょうか、自分の障害よりも重い人間をダメとみなすんです。上はいいんですよ。あこがれなんです。**でも、自分はあんなに悪くない。悪くなりたくないという気持ちが強いとですね、どうしても言葉の端々に〈けなす言葉〉が出るんです。ところが、公文をやっていると、まったくけなしの言葉がない。自然と、認め合う雰囲気が出てくるんです。これが教育の基本じゃないでしょうか。**

私、自信を持っているのはね、自立は頭（知能教育）からだと思うんです。公文さんが言ってましたよね。身辺自立は知能教育からだと。それを、自立していく学習室の皆さんの姿を見ていて確信できるんです」

互いに認め合う。これこそまさに教育本来の姿ですよね。そして、減点方式で子どもたちを見るのではなく、「これもできるようになったんだ」「すごい、これもわかるようになったんだ」と常に加点方式で見ていく。それぞれみんな違う教材をしていますから、はなから人と比べるという発想にない。昨日よりも今日、今日よりも明日と変化していく自分をみんなで喜び合う、それが公文式の教育法なのです。

もちろん、やる気のない人間に公文の教材や教具をさせたからといって、突然その気になるかといえば、そう単純なものではないでしょう。**このリハビリセンターにおいても、富永先生や村井先生のやる気にさせる言葉がけや、人の心をホッとさせる底抜けに明るい笑顔なくして公文式は語れません。**しかし、いえることが一つあります。それは、公文式がその人にとってできるところからステップアップしていく学習法なので、その気になってやりはじめれば、たとえハンディを背負っている人であっても確実に伸びていくということです。

とはいうものの、富永先生の学習室におられるような、大学を出た人や企業で勤めていた大人にとって、幼児が遊ぶような『磁石すうじ盤*』から学習を始めましょ

⊙
磁石すうじ盤　磁石が入った数字の駒を、同じ数字が書かれた盤に並べる、
幼児から遊べる教具。
駒をつまんで並べる作業が、手や指の運動能力を高めるとともに、
数唱力や集中力をつける効果がある。

うと言われたら、抵抗があって当たり前です。でも、そのかたたちに、富永先生は、「お医者さんの多くが復活は無理というが、無理かどうかいっしょに試してみようや。ぼくは、『磁石すうじ盤』や数唱に復活のチャンスが隠されていると思う」と辛抱強く語りかけるんですね。そして、できたことを心からほめ、認め、励まし、期待し、ともに喜びあうのです。そういう富永先生や村井先生の真心にふれていくうちに、「やってみよう」と思いはじめます。そして、実際に教材や教具に取りかかりはじめると、いまどんな状態の人にでも、「ここならできる」というステップがあるので、どんどん力がついていくのです。

私は、〝公文式の価値〟というものが、まさにこのリハビリセンターにつまっている、そんな興奮を感じずにはいられませんでした。

失われた時間を取りもどす少年院の子どもたち

永山先生お元気ですか？　途中から作業のほうへ行ってしまったので、お礼を言うことができませんでしたので手紙を書かしていただきました。私はこの少年院に来たとき、まったくと言っていいほど勉強などわかりませんでしたし、またやろうともしませんでした。そのおかげで学校では何度となくはじをかき、自分のいる場所さえありませんでした。そんな私が、公文を通して色々と身につきました。算数や英語は残念ながら途中でやめてしまいましたが、国語はK（古典教材）までいくことができました。

最初は何もわからず、手紙を書くにしても、ひらがなばかりでしたが、今では漢字を書けるようになり、それとともに今まで、マンガしか読めなかったのに小説を読むようになりとてもうれしい事です。それにわずかながら英語も読めるようになったので、色々な事に役立つと思っています。こんなに成長できたのも永山先生のおかげだと思います。社会復帰後は、これらのことを生かして行動範囲を広げてみます。そして今後二度と同じ過ちを起こさないように努力し、健全な社会人になるようにガンバります。それでは、本当にありがとうございました。

(原文のまま)

愛知県瀬戸市にある瀬戸少年院が公文式を導入したのは、一九八九年四月。指導しておられるのは、瀬戸市ききょう台教室の永山 京子《ながやまきょうこ》先生です。この手紙は、いつも励ましてくれたお礼にと、退院した少年が永山先生にあてたものです。

瀬戸少年院の初等部(中学生と高校一年生が在籍するクラス)が、公文式学習を導入しはじめた当時は、少年院側の受け入れ体制も万全とはいえず、また、子どもたちもいやいや算数の教材を解いていました。教官の先生がたもその様子を見ながら、「分数ができるようになったらいいですねぇ」と、期待もその程度でした。**そんななか、学習すること自体に嫌悪感を持っている子どもたちに、永山先生は「学ぶということは、君たちが将来生きていく力になるんだよ」とか、「過去を全部忘れなさい。これから前を向いて一生懸命やっていけば、やったことは全部自分に返って**

くるし、人からも信用されるようになるのよ」というように根気強く話しかけていかれました。また、せっかくやるからには、子どもたちが意欲を持って取り組めるように、「生徒たちががんばったら心からほめてください」と教官の先生がたにお願いされました。少年院のなかでは、叱られることはあっても、ほめられることなどめったにない彼らだけに、がんばったらほめられるという経験を味わわせたい、そんな思いからです。

生徒たちの初等部での入院期間は、基本的に一一ヵ月。指導の期間としては短すぎるぐらいです。「そんな短い期間で、果たして成果があがるだろうか」と当初は皆が半信半疑でしたが、学習が回を重ねるにつれ、生徒の学習に取り組む姿勢や生活態度に変化が見えはじめてきたのです。初等部担当教官（当時）の池田先生は、生徒の変化についてこう語られました。

「粗野《そや》だった顔つきが、公文を学習しているうちに、素直な表情になっていくのがわかるんです。情緒も次第に安定し、反則（少年院での規則に反する行為）が目立って減りました。また、院内の行事にも積極的に参加するようになり、初等部のチームは少年院のコーラス・コンクールでは優勝、ソフトボール大会でも準優勝という成績でした。これはまさに、公文式で養われた〈挑戦心〉だと思います」

そんな池田先生の言葉を受けて、永山先生はこうおっしゃいました。

「どんな状態の子どもでも、どんな環境に生まれた子どもでも、〝学びたい〟〝知りたい〟〝ほめられたい〟〝認められたい〟〝お役に立ちたい〟〝愛されたい〟〝自由でいたい〟など、いろんな思いがあります。それを引き出してあげるのが、本当の教育ではないかと考えています。知識を教えることはだれにでもできます。けれども、子どもが本来持っている力を誘発してさえあげれば、子どもは自分でどんどん勉強していくということが、この少年たちの指導をとおしてわかりました。子どもたちが本来持っている〝学びたいという本能〟や〝やる気〟を、この公文の教材で引き出すことができたことが何よりも大きな成果です」

また、永山先生が指導をしていて驚いたのは、子どもたちの国語教材への取り組みの熱心さでした。どの子も数・英・国の三教科を学習しているのですが、七割くらいの子どもたちは、国語がいちばん伸びるのです。そういう子どもたちの国語学習の状態を見ていて、永山先生はこう感じられたそうです。

「子どもたちが、自分のことを他人に伝える言葉を、いままで持っていなかったのではないか。あるいは、それを習得する環境がなかったというべきでしょうか。**自**

分の思っていること、考えていること、それを伝える力がなかったのです。自分の内面を表現する言葉（内的言語）を、この国語学習でどんどん吸収していってくれたのではないかと思います。そして、この内的言語をほしがる気持ちは、本能的なものではないかと思います。人間はのどが渇いたときに、ひじょうに水がほしくなります。子どもたちがそんな状態で学習していたので、とくに国語の力が大きく伸びたのではないでしょうか」

さて、数年前ですが、私も、この瀬戸少年院での学習の様子を見学させていただきました。少年院の子どもたちが公文式で生き生きと学習しているという話は何度も聞いたり、文章で読んだりしていたのですが、実際の現場を見て、正直、声になりませんでした。ピーンと張りつめた空気のなかで、子どもたちが黙々と学習しているのです。**何よりもすごいと感じたのは、子どもたちの学習に向かう姿勢でした。強制されているのではない、「わずかしかない時間を有効に使って学ぶんだ！」「失われた時間を取りもどすんだ！」と言わんばかりの気迫を感じるのです。**学習している雰囲気をたとえるならば、大学受験を目前に控えた予備校の自習室……、といった感じです。中学生で国語のＬ教材（漢文）を学習している子、数学のＨ教材（中二相当の内容）を学習している子、算数のB教材（小二相当の内容）を学習している子など、解いているところは公文らしく様々でしたが、本当にその迫力に圧倒されたのです。

永山先生におうかがいすると、「学習計画では一教科あたり月間一〇〇枚程度を予定していたにもかかわらず、学習しはじめると多くの子どもが、月間八〇〇枚～一〇〇〇枚も解く」とのことでした。まるで、子どもたちの〝学ぶことへの渇望〟が爆発したかのようです。寝る間も惜しんで教材を持ち歩き、六ヵ月間でI教材（中三相当の内容）以上まで進んだ生徒も少なくないとか……。

少年院というのはもっとも重い罪を犯した子たちが入ってくるところです。ドラッグ・殺人・強盗・再犯……。でも、そんなふうには絶対に見えないんです。こういう罪でここにいるのよと言われても信じられない。それほど、学ぶことに対するどん欲さを彼らから感じたのです。

「どんな環境にあっても、いまどんな状態であっても、人は本来学びたがっている」私は彼らの様子を見ていて、ますますこの思いを強くしていきました。

少年院にいる子も、ここ一〇年ほどで様変わりしてきたそうです。以前は、勉強がまったくわからず、学校についていけなかったという子がほとんどだったのが、ここ最近では成績だけで見たら真ん中以上という子が増えてきたそうです。その変化について、永山先生はこのように分析されています。

「**親のエゴというか、いい学校にさえ行ってくれればいい、ということでプロセス（過程）抜きで、成績という〈結果だけ〉を追い求めてきました。そういう子どもたちは自分で苦労しながら獲得してきた知識ではなくて、だれかに教え込まれてそれなりの成績をとってきたケースが多いのです。ですから、思うような〈結果〉が出なくなったときに立ち上がれない。**つまり、知識を得ていく過程で〈精神的な成長〉というか、心が育ってないのです。だから、苦しくなったときに自己コントロールができない（キレてしまう）子が増えてきている、少年院に入ってくるここ最近の子どもたちを観《み》ていてそんなふうに感じます」

人間というのは大人、子どもに限らず、皆強烈な〈承認欲求〉というものを持っています。自分のことを認めてほしい、自分が大切な存在であると思われたい……、皆がそれぞれ「私のことを認めてくれ！」と書いた大きな看板を、持って歩いているようなものです。その承認欲求がまったく満たされていない場合はもちろんのこと、親が〈努力過程〉でなく、〈結果〉のみで満たそうとしている場合は危険ですね。それこそ、期待する結果が出なかったとき、子どもたちは「ほかのことで世間を驚かせて承認されよう」と非行に走るのだと思うんです。それだけに、自分ががんばって解いた教材を永山先生や教官の先生がたから認められたりほめられたりしたこと、あるいはみんなの前で渡された終了証*は、彼らに自信を持たせたに違いありません。公文式は他人と競争するのではなく、あくまで自分との闘いの連続。ほめられたことは、何より〈努力の証《あかし》〉ですからね。しかし、他人からほめてもらうことよりもさらに内面的に大きな自信につながったもの、それこそが〈自力で解いた一〇〇点の教材〉ではないでしょうか。**だれの力も借りず独力でやり抜いていく経験が、〝自分を認める心〟を育てていくように思うんです。**つまり、教材を解いていくなかで、学力がつくのはもちろん、学習を通じて自分自身の承認欲求を満たしていくことができるのが公文式といえるのです。

　少年院にいた彼らも、公文式で学習していくうちに、自分自身のあるがままを、認められるようになってきたに違いありません。**そして、いつどんなときでも温かく自分たちの成長を見守ってくれる先生の存在が、〝感謝の心〟を芽ばえさせ、冒頭のような手紙を書きたいという気持ちにさせたのではないでしょうか。**

いま、少年犯罪が急激に増えています。自分に対する自信のなさと、だれからも承認されない寂しさが、罪を犯す心の奥底に眠っているように思うんです。

少年院の子どもたちが素晴らしい伸びを見せてくれたことは、たいへん喜ばしいことです。しかし、同時に永山先生は、胸をしめつけられる思いがするとおっしゃいます。

「なぜ、この子たちがここへ送られてきたのだろうか。その前に何とかならなかったのだろうか」と。

公文さんはよく、「公文式で学習することは非行防止につながる」と言っておられました。**公文式は学力をつけるだけではありません。学習を通じて、自己肯定感に満ちあふれた子を育てていくことができるのです。**少年院での様子を見たり、永山先生のお話をうかがったりして、そのことの大切さを改めて感じたのです。

⊙
終了証　公文式教室で、ひとつの単元の教材が終わり、次の単元の教材に進むとき、努力した証として渡す賞状。少年院では、その賞状を全員の前で院長先生から受け取ることになっている。

〈やむにやまれぬ使命感〉が広めた教育法！

公文式、これは公文公《くもんとおる》さんという人が最初に考案された学習法なのでそう呼ばれています。公文さんというのは、そもそも、高校の数学教師。三三年間も、公立高校で教鞭《きょうべん》をふるっておられたんですね。

さて、いまも同じかもしれませんが、当時の一般的な高校の数学の授業では、生徒のほとんどが、黒板に書かれた数式を理解もしないまま、ただ単に写しているだけでした。といっても、公文さん自身この実態に気づかれたのは、教師をやめる二年ほど前だったそうですが（笑）。とにかく、数学の先生としての人気の秘訣《ひけつ》は、数式を写しやすいようにていねいに書くこと。そしてすぐには消さないことだったそうです。高校数学といえば、三角関数や微積分などいろいろありますが、生徒のなかには高校の数学以前に中学校の方程式がチンプンカンプンの子だっています。**いえ、それどころか、小学校で習う分数やわり算ができない子だってたくさんいるんです。なのに、高校の教師だから高校の数学を教えなきゃいけない。こんなところ**

にも、一教師として矛盾を感じていたのです。

そんなある日のこと。たまたま長男・毅《たけし》さん（当時小二）の算数の成績がふるわなかったらしく、奥さんから「あなた、よその子には人一倍熱心に教えておられるようだけど、自分の子どもは放っておいていいんですか。こんな点数では困るから、何とか教えてください」と言われたんですね。ところで、もし、お父さんやお母さんがそんなふうにして低学年の子どもの勉強をみることになったらどうされますか。ふつうは「教科書を持っておいで。どれがわからないの⁉」と聞いて、その問題を〈教え込む〉という行動を取りますよね。私だってそうしたに違いありません。しかし、公文さんはそういう行動を取らなかったんです。ただ単に目の前の問題を教えることよりも、高校卒業後の進路という、わが子の将来について考えたのです。いずれこの子は大学へ行くだろう。それなら、小学校の算数にこだわる必要はまったくない。そのときになって困らないだけの学力をつけてやりたい。そうすれば、大学進学後も自分の行きたい道に進めるだけの、幅広い人生の選択肢を持たせてやれる、そんなふうに考えたのです。

話は変わりますが、「天職」って言葉がありますね。『広辞苑』で調べてみると、

「その人にもっとも合った職業」という意味が記載されています。**子どもたちが社会に出たあと、「まさに天職だな」と周りが思うほど生き生きと働いており、それが人様から喜ばれたり感謝されたりすることにつながれば、親としてこんなうれしいことはないんじゃないでしょうか。**それまでの子育ての苦労が吹きとびますよね。

　天職っていうのが、その仕事に就《つ》く前の、あこがれのようなものだけでそうなるものではないことは百も承知しているつもりです。どんな仕事もつらいことがたくさんあります。それを乗り越えて、与えられた環境のなかで、ひたむきに一生懸命がんばってこそ、感動的なドラマも生まれ、その仕事の喜びやおもしろみも出てくるものです。ちょっと合わないといっては中途半端に仕事を変えているようだと、いつまでたっても天職は見つからないでしょう。**でも、「自分は小さいころから〇〇にすごく興味があるので、その道に進みたい」って気持ちも大切だと思うんです。あるいは、いまこの仕事に就いているがやはり自分の進むべき方向はこっちだ、と方向転換を図りたいときが人生のなかであるやもしれません。そんなときに、その方向へ進むだけの〈力〉がないために断念してしまうことは多いんじゃないでしょうか。**ここでいう力とは、けっして学力のみを指しているのではありません。何があってもあきらめない粘りのようなものやチャレンジ精神など、心の部分も大きいからです。とはいうものの、そのなかで学力も重要な要素です。公文さんは、よくこうおっしゃいました。

「高校進学後の進路について、自分が好きで得意な分野を持ち、やりたい道に進み、そしてそのことが多くの人の役に立つというのが本来理想です。**しかし、現実には、自分は何が好きなのか、これといって得意なものが見つからない。行きたい大学や学科があっても、合格できる学力がない……、といった理想と現実のギャップにぶつかり、〈行きたい道〉より〈行ける道〉という、消去法になった人も多いのではないか。**成績なんて悪くても構わないではないかという人もいます。音楽に打ち込む、スポーツに打ち込む……、それはそれで素晴らしいことですが、〈自分はこの道で一生を送るのだ〉と強固な意志を持てるのはかなり年齢が進んでからのことではないでしょうか。まだ、そこまでの明確な意識ができないうちに、成績が悪いために自分に自信を失い、〈悪いのは自分だ〉と思い込ませてはいけないんです。幼いうちは、みんな同じように持っていた可能性が、高校までに習得すべき基礎学力が不十分だという理由で狭《せば》まってしまうとしたら、なんともったいないことか」

たとえば、建築士になりたいんだけど数学が苦手。そのため、工学部を受験する

ことすらできず、その夢をあきらめざるを得ない。また、そんなとき、周囲の人からは励まされるどころか「人生そんなもんだ」と冷めた表情で言われる……、そんなことがよくありはしないでしょうか。だからこそ、公文さんは小学校での算数の成績にこだわらず、あくまで高校で数学が困らないレベルを目指したのです。個人の資質や性格などの違いをうんぬんする以前に、だれもがその気になればつけることのできるのが学力ですからね。

さて、長男の勉強を見ることとなった公文さんは、改めて小学校の教科書を開いてみました。計算問題、文章問題、いろいろあるけど、どうも系統だっているようには思えない。このとおりにやっていったら、一部のかしこい子は別にして、大半の子は高校で数学が苦手になっても不思議じゃないな、そう思われたのです。

脳裏には、自分が教えている、数式を写しているだけの高校生のことも浮かんだに違いありません。親の立場として、わが子にそんなふうにはなってほしくない。そういうこともあってか、とうとうご自身でルーズリーフに問題を作られるようになったのです（現在の教材の原型）。中身は、学校で勉強する内容を〈あれも、これも〉と取り入れず、計算に絞って高校数学まで一直線でつないだ独創的なものでした。このプリントを、一日三〇分、毎日解き続けたことで、長男・毅さんは小五の終わりに、その年度の大阪府の高校入試問題がほとんど正解できるだけの学力がつき、さらに小六のときに微積分まで解けるようになったのです。それにもかかわらず、公文さんはいままでの指導についてこんなふうに反省したのです。

「中学や高校のすぐれた授業を聞かせたり、家庭教師などがつかないまま、毎日三〇分間、子どもに一人で自習させたのは、果たして最善だったのか？　家庭教師をつけたほうが、もっと短時間で効率よく学習できたのではないか。しかし、中学三年生や高校一年生が、因数分解や関数などを習得するのに、どれだけの労力と勉強時間を費やしていることか！　長年教師をしていればよくわかる。だから結局、優秀な先生の個人指導を受けるより、長男の場合のように、自分の学力に合った問題を、自力で解きながら進んでいくほうがはるかにすぐれた学習方法なのだ」

そうこうするうちに、知人の子を見てほしいと相談されるようになってきました。長男と同じやり方でプリントを与えてみたところ、グングン力がついてきた。**その様子を見ているうちに、こんな有効な方法があるのに、自分の息子など限られた子どもだけにさせておくのはもったいないのではないか。たとえば、同級生などもっとたくさんの子どもにさせて、みんなのレベルを上げなければ、社会的にも損にな**

るのではないか、こんなふうに考えはじめたんです。

ふつうの人なら、わが子が力をつけた方法を、息子の同級生にわざわざ教えないものですよね。だって、教えることによって、息子よりかしこくなるかもしれないんですから（笑）。でも、そこが公文さんの発想の、スケールの大きいところ。**公文さんは、「一つの国や社会の持つ能力というものは、結局のところ、そこに住む個人の能力の集まりなんだから、個人の可能性を追求していくということが、ひいてはその国や社会の能力を伸ばしていくことにほかならない」という思想・哲学を持っておられました。**ですから、力がついていく長男の同級生を目の当《ま》たりにしながら、「このやり方ならどんな子どもたちも伸ばすことができる。それなら、一人でも多くの子どもたちにこの学習法を体験してもらいたい」

そう思うようになってきたわけです。

しかし、広めていくためには、何より公文さんの考え方に共鳴して、教室で指導にあたってくれる人を探さなければなりません。とはいうものの、当時はまだ高校の教師。そこで公文さんは、土・日のみならず、平日でも時間が少しでもあいたら、風呂敷包みに手製の教材をつめて、教え子の母親、婦人会など、つてを頼っては「独自の教育法を考えたんです。この学習法の特長は……」と教材、学習方法、学習効果について説明し、自分のやり方に共鳴してくれる人を探していったんです。といってしまえばかんたんに聞こえますが、これがまたたいへん。当時でいえば、海のものとも山のものともつかない学習法の説明をするわけですから（笑）。

土・日など、自分の考えに賛同してくれる人を探すため、公文さんは弁当持参で戸別訪問していったそうです。朝、食事のあとかたづけが終わったころを見計らっては戸別訪問。そして、その後、公園に行って一人で手弁当を食べ、昼食後、また戸別訪問。さらに、二度目の手弁当を公園のベンチで一人さみしく食べたあと、世の主婦が一段落した夕食後の時間帯を狙《ねら》って、また戸別訪問。家に帰るころはいつも深夜零時を回っていたそうです。訪問されたほうも、びっくりしたに違いありません。「あなたはどうしてそんな妙なことに情熱を傾けてるの？　学校の先生なのに？」と不思議に思われたかたも多かったんじゃないでしょうか。また、公文さんのほうも、慇懃《いんぎん》無礼《ぶれい》な対応をされて、つらい思いを幾度となく経験されたに違いありません。

学校の教師として、こんなことは、きっとしたくなかったはずです。そもそも、これをしないと食べていけないわけじゃなく、毎月、教師としての給料をもらっていたわけですからね。それに、公文さんは、ひじょうにシャイなかたで、飛び込みセールスと誤解されかねないような行動を、やすやすとやってのけられるようなタイプではありませんでした。**でも、子どもたちのためには、〈どうあろうとこの学習法をさせたほうが力になる〉、そして〈個人の能力が高まれば、社会全体の能力も上がるんだ〉、その信念こそが公文さんに、戸別訪問という、教師ならふつうはしたくないはずの行動にまで駆り立ててきたのです。**

それは学校のなかでも同じでした。当時、学校の授業でも、自らが作ったプリントを使っていた公文さんは、周りの先生たちから批判されていました。「教科書も使わず、バラバラのプリントだけ配って、自分は授業することもなく、ただ教室内を歩き回っているだけ」と、まるで教師の風上にもおけないというように、職員会議でも面罵《めんば》されていたのです。ふつう、教師というのは、生徒たちを相手に黒板の前で教科書の内容をしゃべってこそ、給料がもらえるわけです。プリントだけ配って自分はしゃべらないというのは、いわゆる模範的な行動をしている先生から見たら、不良教師の最たるものと映ったのでしょう。

しかし、公文さんは、どんなに陰で批判されても、職員会議で面罵されても、動じませんでした。

「(学力不足で) わかりもしない授業を無理に聞かされているより、それぞれの子ど

もにとって、できるところから学習をやっていくほうが、子どもにとってもいいに決まっている。自分の行動が、いくら教師のあるべき姿ではないといわれようが、それが子どものためになるんだったら、だれに恥じることもない」

これが当時から公文さんの根底に流れる思想だったのです。

そういう思いが実を結びはじめ、いまでは日本全国のみならず、世界にも広がりはじめたのです。つまり、公文式というのはまさに、〝父親がわが子の将来を思う真剣な気持ち〟から生まれ、さらに子どもの可能性を追求する方法がわかったのだから、自分の子だけではなく、よその子にも力をつけて社会全体の能力をあげていかねば……、という〝公文さんのやむにやまれぬ使命感〟から広がってきたものといえるのです。

あれもこれもしないからこそ、中学・高校の学習が得意になる

公文式は、たとえば算数・数学なら、教科書の内容すべてが教材に盛り込まれているわけではありません。文章題や図形問題もあるものの、そのほとんどが計算問題で占められています。公文さんは、中学・高校になって数学で困ることのないようにと、あえて代数計算に絞って高校数学までを一直線でつなげたわけですが、これがなかなかお母さんがたに理解してもらいにくいところでもあります。

といいますのも、ほとんどのお母さんが、「たかが計算」と思っておられるからなんです。しかし、「たかが計算」とたかをくくっていると、中学生以降、わが子が〈数学嫌い〉になる確率が高まるのです。

実際問題、小学校時代は算数が得意であったはずの子どもが、中学生になったころから目立たなくなり、高校生のときには数式を見るだけでイヤになっている、という話がよくあります。**その理由は、小学校の算数ではそれほど多くなかった計算問題が、中学以降の数学になると、質・量ともに増えてくるからです。**一つの問題

を解くために、四行も五行も途中式が必要になりますものね。**頭で理解できていても、途中式の展開に時間のかかる子は、試験でも時間が足りず、結局「数学は面倒だから嫌い」となってしまうのです。**公文式で学習したときに、中学以降数学が得意になる理由は、あれもこれもと欲張らないで代数計算一本に絞った、一点突破型の学習法だからだといえるでしょう。

ところで、このことはまさにスポーツと相通《あい》ずるのです。たとえばテニスにおいても、同じところにボールを送ってもらい、同じところにボールを返す、それも同じスピードで何回も何回も反復し、頭でなく体が反応するまで同じ練習をくり返すことで上達するんです。しかし、テニススクールでは、こういう基礎練習が意外と少ないんです。ですから私は、一般的なテニススクールでは、初級者から中級者にはなりやすくても、中級者から上級者にはなりにくいように感じています。

全国どこのテニススクールでもやっている練習メニューに、こんなのがあります。「一球めは、フォアを打ちましょう。二球めは、バックを打ちましょう。三球め、短い球を送りますからアプローチショットを打って前に出てきてください。前に出たら、フォアボレー、バックボレーを打って、最後にスマッシュを打ったら次の人と交替してください」

何をいいたいかおわかりでしょうか？　このメニューの場合、一つの練習のなかで、フォアからスマッシュまで、実に六つのショットを打つことになります。しかし、あれもこれも同時に……、というのでは、一つのショットも身につかないんです。フォアならフォアで、同じところへ同じスピードで、それも何回も何回も反復する練習。これこそが上達のカギなんです。

ところが、生徒は〈試合みたいな楽しい練習〉を好みます。結果、テニススクールとしては、生徒に「楽しい」と言ってもらえるような練習メニューを増やしていくんです。ただ、テニススクールというのは、一部を除いてそのほとんどが、仲間うちでテニスを楽しむために習いにくるところですから、実力をつけることにそこまでシビアになることはないのです。

それと似たこととして、多くの学習塾では、「計算だけでなく教科書の内容すべてを見ます」といったことを謳《うた》い文句にしています。いつの時代でも、世のなかのお母さんは、学校の勉強内容すべてを見てくれる……、という言葉に弱いですから、これで引きつけるわけです。

公文式は、算数・数学なら、あくまで中学生以降、本格的な数学に入ったときにも得意であってほしい、そしてさらには、社会に出たときに自分の力で人生を切り開いていける力を持ってほしいとの思いから、「あれも、これも」とすべてを望んではいません。中学、高校の数学が好きになるように、練習すれば皆が得意になる代数計算に絞り、その他のところは勇気を持って省いているのです。

ラクにできるところから始めて、その後の学習に勢いをつける

公文式では、通常はその子の学年よりも低いところから学習を始めます。その子にとって、かんたんだと思うところから始めることにより、子どもは一気呵成《いっきかせい》に学習することができます。この〈一気呵成〉というところが、とても重要なんです。

やさしいところを学習している間に、子どもたちは一気に解くだけの作業処理能力や、一定時間机に向かって学習する集中力を、身につけることができるからです。しかも、子どもたちは、できることの喜びを感じながら学習を進めていくことができるんです。

もし反対に、初めて学習するときに渡された教材が、考え込まなければ解けないようなものであったなら、これらの力（処理能力や集中力）は身につきませんし、子どもたちは〈できる〉という喜びも味わうことはできません。

ラクにできるところから学習を始めることは、ハードル競技にたとえるならば、助走のようなものです。助走なしにハードルに挑めば、三つめくらいには足がひっ

かかるでしょうが、助走をしっかり取ることで、次々とハードルをクリアーしていくことができる……、そんなイメージです。

ここで、ラクにできるところから始めるとどうなるかを事例で見てみましょう。この事例は、小学生を持つお母さんにも、〝ラクにできるところから始める重要性〟を実感していただけること請け合いです。ただし、解ける枚数や忍耐強さなどは、人によって様々ですから、あくまで、いまどんな学力の子であっても、確かな力をつけていくことができる……、という観点でお読みくださいね。

教室には高学年あるいは中学生以上になってから、完全な学力不振の状態で学習を始める子どもたちもたくさんいます。私の教室にも中二の八月に純子さん（仮名）が入ってきました。高校受験は一年半後です。彼女に「学力診断テスト」をさせてみると、162ページの資料①にあるとおり、分数はもちろんのこと、わり算すらきちんと解けない状態でした。そこで、さらにかんたんなテストをさせました。しかし、資料②にあるように、〔81÷8〕という問題すら解けなかったのです。結果、彼女の出発点は、B教材（小二相当の内容）の筆算のひき算からとなりました。

ところで、わり算が苦手なのに、なぜひき算から学習するのか？ これがおもしろいところですね。たとえば、〔5328÷32〕など、何でもいいので〔四桁《けた》÷二桁〕の問題を紙に書いて、解いてみてください。このわり算は、〔二桁×一桁〕のかけ算を三回と、筆算のひき算を三回組み合わせたものです。**つまり、わり算が苦手な子というのは、かけ算とひき算を速く、正確に解けない子のことなんですね。だからこそ、ひき算、場合によってはたし算から学習したほうが、〈急がば回れ〉でわり算が得意になるんです。**

さて、中学生の学力不振児の場合は、とくに最初が肝心。純子さんの場合も、まず彼女に、ラクにできるところから学習を始めることでどういう効果があるか、他の子の事例を見せて説明したうえで、「奇跡を起こすぞ」を合い言葉に、筆算のひき算を、初日、一気に五〇枚解かせたのです。そして、解いている最中に、隣に座ってこうささやき続けたのです。

「こんなやさしい問題解いとって、ほんまにだいじょうぶかいな、って思ってるやろう。でも、ここから始めて学年に追いついてきたときには、驚異的な力のつき方するんだな。こればっかりは経験せにゃわからんのや。楽しみにしときやぁ」と。

この暗示効果も多少はあったのでしょうか。E教材（小五相当の内容）やF教材（小六相当の内容）も、教室で一日あたり二〇枚を解くという、通常の何倍もの努力をした彼女は、なんと二ヵ月半でB教材からG教材*（中一相当の内容）130番まで進んだのです。これには私もビックリ。その時点で、学習を始めた当初と同じ診断テスト（資料③）を再びしました。資料①と比較してみてください。いかがでしょうか。まるで別人。わり算はかんぺき。白紙状態だった分数も見事な途中式。さらに、学習を始めて九ヵ月経ったとき、H教材（中二相当の内容）も終了したんです。このとき行った終了テストが資料④です。資料②と比較してみてください。**入会前〔81÷8〕すらまともにできなかった子が、わずか九ヵ月で関数や連立不等式、加えて学校でも習わない三元連立方程式まで解けるようになったのです。この結果、学校の定期考査は九〇点前後まで跳ねあがりました。**

もしも、わり算も不確かな純子さんが、中二だからといって、方程式や関数から教えられていたらどうだったでしょうか。「やっぱり私は数学苦手」と確信を深めたことでしょう。もちろん、彼女自身の驚異的な努力なくして、このエピソードは語れません。しかし、〈どこからわからなくなっているのか〉を診断テストできちんと把握し、抜本治療する公文式だからこそ、奇跡とも思える変化が起きたのです。

子どもが何年生であっても、ラクにできるところから一気に進むことが、やがて学年を越えても自学自習で進んでいくことのできる公文式学習法の秘密の一つなのです。

⊙
G教材130番　数学G教材は200枚で構成されており、1枚ずつを「1番、2番……、」と呼ぶ。130番は130枚目の教材の番号のこと。B教材からG教材の130番までは、1130枚あり、それを確実に習得するために何回か復習しながら解いたことになる。

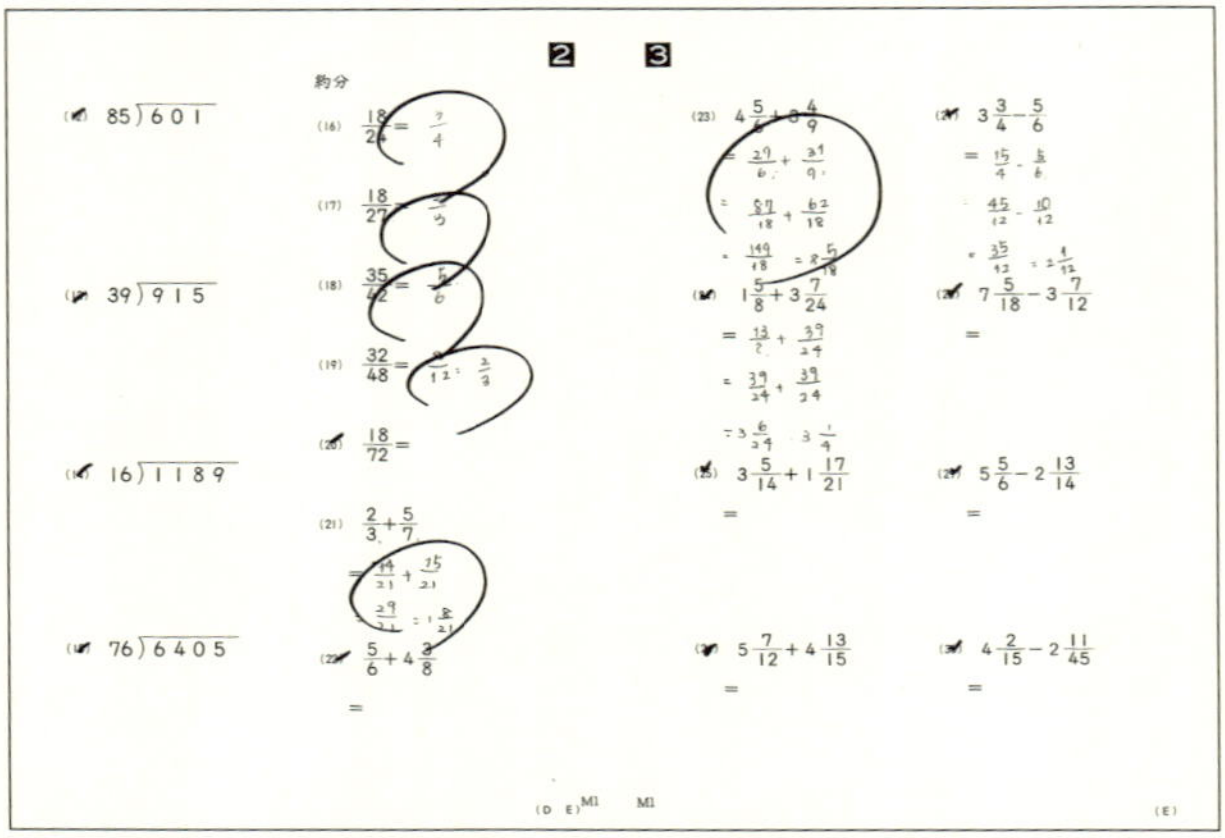

【資料①】学習を始める前に行った中１相当の学力診断テスト

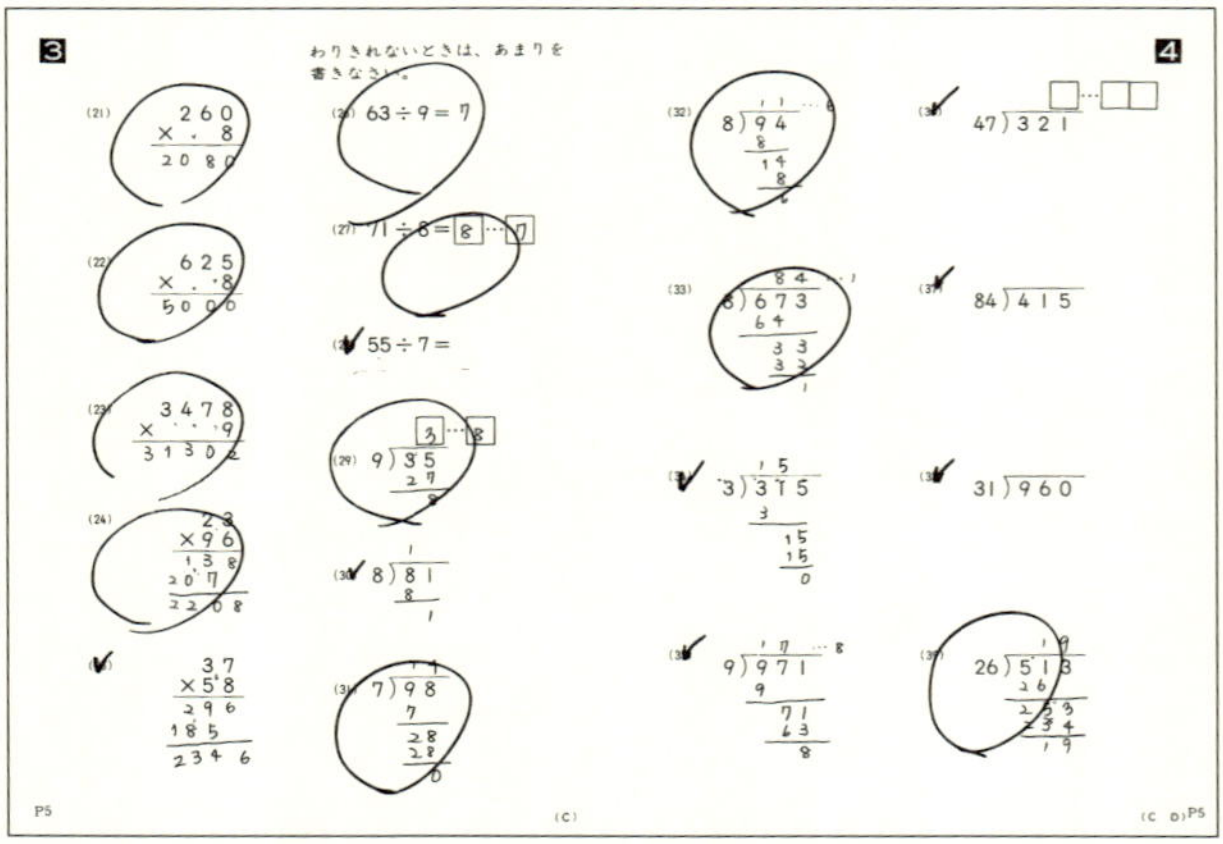

【資料②】学習を始める前に行った小５相当の学力診断テスト

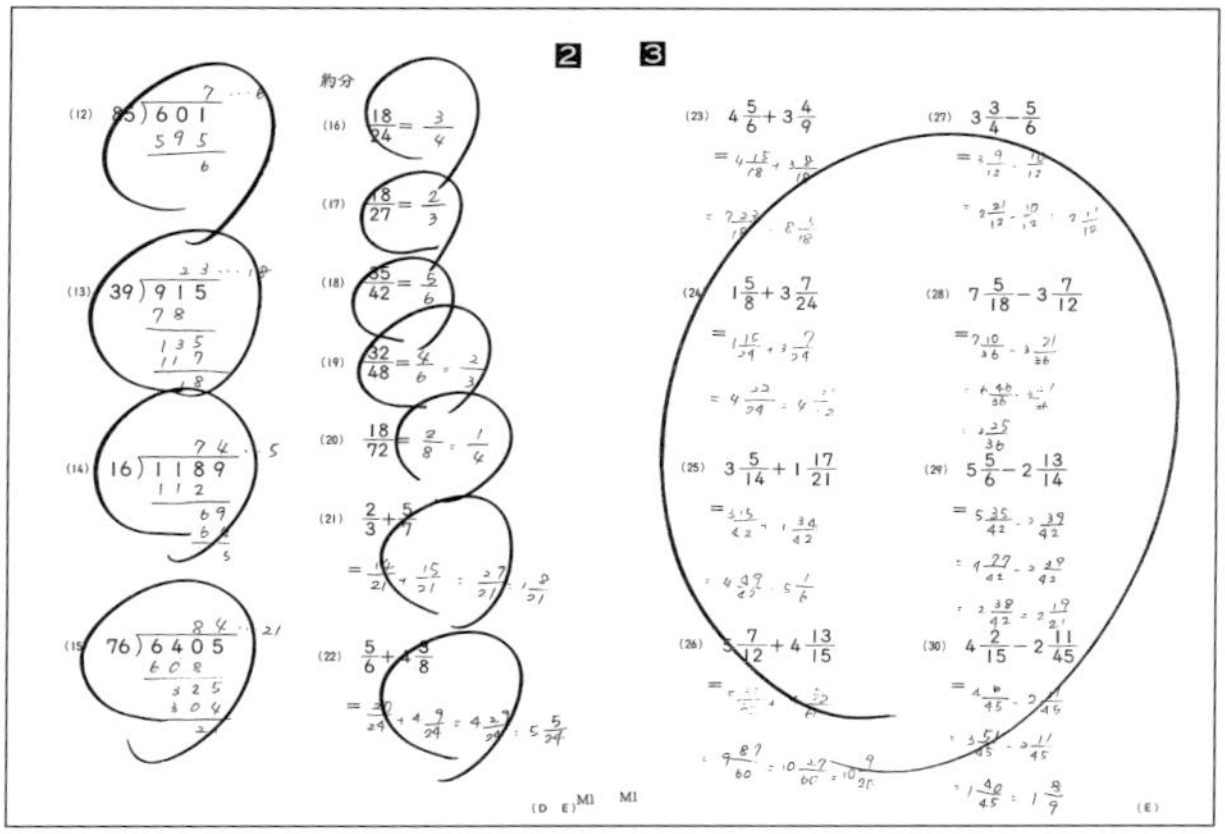

【資料③】2ヵ月半後に行った資料①と同じテスト

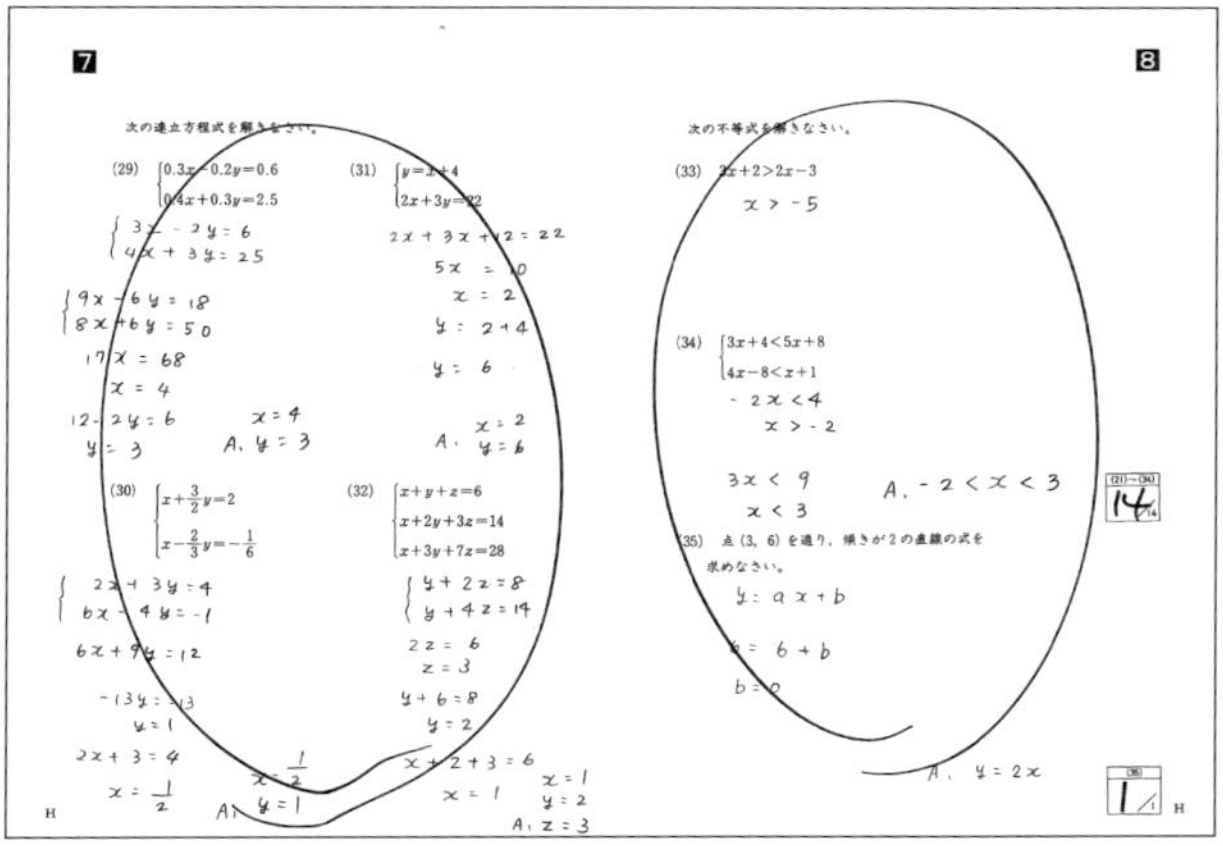

【資料④】9ヵ月後に行った中2相当の終了テスト

頭ではなく、体で覚える！

「公文式はなぜ同じところばかり何回も学習するの？」と疑問に思われているお母さんは多いものです。しかし、公文式だから反復練習するわけではありません。**そもそも、世のなかのあらゆるものを本当に習得するためには、それがピアノなどの芸術であっても、テニスのようなスポーツであっても、反復練習こそ習得するためのカギではないでしょうか。**

　私は、公文式という学習法は、スポーツ上達法と似ていると思うんです。一つ前の内容がわからないと、次の内容が理解できない算数・数学は、とくにその傾向が強いのですが……。

　またここでテニスにたとえさせていただきます。たとえば、お母さん自身が今日テニススクールに入った初心者だと思ってください。私がコーチで「フォアは、まずラケットを引いて……」と説明したとしますね。**それを聞いた母さんが「なるほど。そうやって打つのかぁ」と納得されたからといって、翌日から打てるようにな**

りますか。打てませんよね。体が覚えるまで何回も練習する必要がありますよね。ボールが送られてきてから、「えぇーと、木全《きまた》コーチがまずラケットを引いてって言ってたなぁ」なんて考えていたら、あっという間にボールは体の前を通過してしまうわけです。反復練習を十分つまれた人なら、突然ボールが飛んできても頭でいちいち考えずに、無意識に体が動いてボールを返せます。**つまり、頭で理解していることが、即〈できる〉ことにはつながらないのです。**

こうやってスポーツにたとえた話ではわかってもらえるんですが、こと勉強となると、お母さんというのは、子どもの成績が悪いと「ちゃんと授業聞いてんの！」と責めるわけです。でも、たとえ授業をちゃんと聞いていたとしても、スポーツ同様、頭のなかで〈わかる〉ことと、実際に〈できる〉ことはまったく別のことなんです。お母さんがたって、実に自分勝手な考え方をするもんだなぁ（笑）とよく思います。〔7＋5〕というたし算を例にとってみますね。練習量が足りている子であれば、瞬時に12と出てきます。しかし、足りていない子だったらどうでしょう。「〔7＋5〕は と、え〜と1くり上がって……」なんて考えているうちに、テニスだったら、とうにボールがうしろにいってしまってます。だから、体で覚えるまで反復することが重要なんです。**ただし、まともにできもしないことをいくら反復させたところで、**

上達はしません。基礎的な筋力や体力のついていない子に、いくら打ち方を教えても、ある一定のところで伸び悩んでしまうのと同じです。そういう子には、急がば回れで、まず、ランニングから始める必要があるわけです。

公文式は、本人にとって〈ここならできる〉というレベルから、学習を始めます。そして、ただ漫然とくり返すのではなく、あくまで本人が何とかできるスレスレのところを見つけ、そこを練習していくことで、実力をつけていくのです。

そんなふうに練習していくうちに、公文式だからこそ身についてくる能力というものがあります。それは〈処理能力〉です。たとえば小一相当の算数なら、一五分程度の間に二五〇問ものたし算・ひき算を解く練習をするわけです。国語などは、算数・数学と違って、言語学習の特性上、同じところをくり返す必要はありませんが、それでも三〇分程度の時間のなかで、一定量の文章を精読しては書く、という作業をくり返します。読解力や集中力はもちろんですが、否《いや》が応《おう》でも〈処理能力〉も上がってきます。**そして、この処理能力は、社会に出たときに、その子にとって、ものすごく大きな武器となるんです。**事務処理はいうにおよばず、企画書を書く、社内の重要メールを短時間で読み込むなど、処理能力がもし人の二倍あったなら、ふつうの人が一時間かかるところを三〇分ですませられるということですから。

個人別・学力別の学習によって、だれでも伸びる

教室に小三の子どもたちが一〇人いたとして、一〇人とも違う教材を解いている、これが公文式教室の大きな特長の一つです。

通常、学校や一般の学習塾では、一斉授業というのが行われます。先生が黒板の前で講義し、子どもたちがそれを聞くわけです。**学校教育には、集団生活や社会生活を学ぶという大切な要素があり、こちらのほうは機能しやすいと思うんです。しかし、こと学力をつけるということに関してはどうでしょう。一斉授業には弱点があるのではないでしょうか。**それは、どの学年であっても、そのときの子どもたちの学力がまちまちで、理解度に大きく差が出るということなのです。

たとえば、クラスのなかのトップグループに照準を合わせた授業をすれば、それ以下のほとんどすべての生徒は授業内容がわからなくなります。また、クラスの真ん中ぐらいの生徒たちに照準を絞って授業しても、それ以下の生徒はやっぱりついていけません。そして、この場合、学力の高い子たちの伸びる芽も、摘まれること

になります。これは、学校の先生が悪いわけでも何でもなく、一斉授業というのは、そういう危険性をはらんでいるということです。

公文式は、個人別・学力別に、その子その子の〈ちょっとがんばればできるところ〉を見極め、くり返しながら進めて確かな力をそれぞれにつけていくので、すべての子どもを同時に伸ばすことが可能なんです。

ふつう、クラスに四〇人生徒がいたら、それぞれの能力において一番から四〇番までいて当たり前です。しかし、学校教育や一般の学習塾のような一斉授業では、個々の子どもに応じたところを学習させることはできません。公文式は、個々の現在の学力に応じたところから学習を始めることができ、それぞれのペースで学習レベルを上げていくことができるので、子どもからお年寄りまでのだれでもが同時に学習できるんです。

ところで、個人別でないと、複数の生徒に同時に実力をつけられないのは、何も勉強だけではありません。スポーツでも同じなんです。テニスの場合でも、同じ初心者といっても腕力がある人ない人、脚力がある人ない人、ボール感がある人ない人など、習う前の段階で皆スタート点が違います。これが、この時点での能力差なのです。ボール感がまったくなく、どれだけていねいにボールを送っても、空振りばかりの人もいれば、それなりにボールを返す人もいます。この極端な両者を同時に教えることは、とても困難なことなのです。テニスの場合はスペースの問題もあり、個別に教えようとしても不可能なので、一斉授業型で指導するしか仕方ない面もありますが、個々の生徒の力を伸ばすという観点からすれば、その生徒にちょうど見合った練習をくり返し行うのがベストなのです。ですから、テニスにおいても通常のテニススクール形式で一斉に習っているより、プライベート・レッスンの形で習ったほうが、より上達するのは当然といえましょう。

公文式学習法の場合、テニスの練習と比べて恵まれているのは、鉛筆さえあれば、同時に多人数が無駄なく学習できるというところです。

〈ちょっとがんばったらできるところ〉を子どもたちが独力で解いていくことで、子どもたちはみんな「やった。できた！」という喜びを味わうことができます。これが一斉授業であれば、一部の子どもしかそれを味わうことができません。また、教材がスモールステップですから、解き続けていくうちに、〈ちょっとがんばったらできる〉レベルが、どんどんアップしていくことになるのです。

学年を越えて学習することによって、謙虚さや思いやりの気持ちも芽ばえる

公文式は、一斉授業と違って、個人別・学力別に学習するという特長があります。したがって、その子の能力に応じて、無理なく〈学年を越えて進む〉ことができるのです。たとえば、小二の子で、学校では習っていない小四、小五以上の問題を解くこともよくあります。

学年を越えて進むということは、単に「学力貯金」ができるということだけではありません。未知の問題にチャレンジして、それに打ち勝っていく経験を無意識のうちに積んでいるのです。新しい課題に対しても、見ただけで投げ出さず、試行錯誤しながら答えを出し、それを反復し、スラスラできるまでに高める。二学年先以上を学習している子は、こういう体験を何度もしています。だからこそ、見たことのない問題を見ても逃げ出さないいんです。

「いつものようにくり返せば、きっとできるようになる」

潜在意識のなかでそう思ってるんですね。ところが、学年を越えたばかりの子たちには、そういう成功体験がまだまだ少ない。ですから、見たことのない問題と出合ったら、すぐ「学校で習ってないからできない」って逃げ腰になるんです。人から教えてもらってないものはできない、と思い込んでるんでしょうね。子どもの〈やめたい症候群〉が盛んに出るのも、学年を越えたばかりのこの時期です。

もちろん、公文の教室でも、わからない場合は徹底的に教えます。しかし、ただやみくもに教えるわけではありません。教材自体に自力で解く工夫が凝らしてあるので、たとえば、算数・数学で「どうしてもわからない」と言ってきた場合でも、「例題のどこまでがわかって、どこからがわからないの？」と聞きます。子どもはじっと例題を見つめ……、やがて半数以上の子は、「そういうことかぁ」と自分で納得して席にもどります。また、そうでない子も、「ここまではわかるけど、ここからが……」と質問の〈質〉が高まります。そうやって、頭のなかを整理させたうえで教えるんです。

では、国語の場合はどうでしょうか。涙ながらに「何回考えてもわからへん」と言ってくる子がいます。私に言われて子どもは問題文を音読しますが、

「やっぱりわからへん」と。

「よし。じゃぁ、わかるまで何度も読もう」と私。

「こりゃまずいぞ。何度も読み返させられそうだ」

そう思ってか、次は真剣に考えながら読みます。そうすると、ほとんどの子が読んでいる途中で「わかった」と言って、何事もなかったように席にもどるんですね(笑)。

さて、話をもとにもどします。**このような形で学習を進め、学年を越えていくと、未知の問題に対しても、意欲的に取り組む学習姿勢が身につきます。これこそ〝生きる力〟そのものです。そうやって、苦労を重ねながら学年を越えていった子は、やがて実践に裏打ちされた自信から心にゆとりができ、友だちにも偉そうにせず、親切に教えることができるようになっていきます。**これは大人もいっしょですね。偉そうにして、他人の批判ばっかり口にしている人というのは、つまるところ自分に自信がなく、心にゆとりがないからです。それが井戸端会議であっても……。

公文さんは、晩年こう言っておられました。

「私は最近、学年を越えて進むという公文式の特長のなかで〈自信がつき、心に余裕ができる〉ことが最も大切であると思うようになりました。自分に自信と余裕があれば他人に対しても、気配りができるようになり、人格的にも立派になっていくからです。成績はいいけれど友だちには不親切という子どもは、中途半端な学力で成績がいいだけであって、自信と余裕が足りないのです」

これは勉強だけに限りません。自分に真の自信がないとき、人は攻撃的になるものです。心身ともに鍛え抜かれた武道の有段者なら、侮辱を受けてもギリギリまで我慢できる力を持っているものです。でも、そうでない人は、ちょっと自尊心を傷つけられただけで、すぐカッとしてけんかになる。これと同じです。

学年を越えて進んでいくなかには、壁を突破する苦しみが必ずともないます。しかし、その苦労をたくさん経験することで〈謙虚さ〉や〈思いやり〉をも身につけ、人間が徐々にできてくるんです。生意気になるってのは、まだまだ苦労が足りないせいなのです。

どんな〈山〉も乗り越えることができる教育法

これまで、公文式の価値についてお話ししてきましたが、その価値を高めるためにはやり続けなければなりません。いえ、これは公文式に限りませんね。何の分野でも、物事を成し遂げるためには、思うようにいかないときこそ、我慢してやり続けることが大切だと思うんです。

いまの日本の子どもたちは、〝何ごとも身につけるには我慢が必要〟というのを学ぶ機会があまりに少なくなってはいないでしょうか。そのために〈棚ぼた型〉の子どもが増えているように思うのです。スキーでもカッコよく滑ろうと思えば、あるいはテニスでもビシッと打とうと思えば、良いコーチや良い指導者に出会うことはもちろん必要ですが、それ以上に少々つらいときがあっても投げ出さないことが大切です。

しかしながら、何かを身につけようとしながら挫折《ざせつ》してしまう人は、大人といえども、意外と多いように思うんです。では、なぜ挫折してしまうのでしょうか。そ

れは、「一生懸命がんばっていても伸びないように感じる時期」があるせいだと思うんです。これを心理学では〈高原期《こうげんき》〉と呼びます。人が何かを習得していく際、正比例のグラフのように伸びていくのではなく、グングン伸びていく時期と、練習を続けているにもかかわらず進歩が見られなくなる時期が交互に現れるのです。

途中でイヤになるのはこの〈高原期〉です。努力していても、伸びているように思わないもんだから、やってる本人も、見ているほうも、だんだん自信がなくなってくるわけです。でも、そんなときに我慢してでもやり抜いていると、必ず次の伸びる時期がくるのです。**私は、いまの日本の子どもたちに、昔の日本人の美徳であった〈我慢〉を学ばせなければならないと強く思うんです。「いやだなぁ」と感じるときでも、やり続けていれば、必ず〈喜び〉が返ってくる。そういうくり返しのなかから、本物の実力がついてくることを、子どものうちに体感させる必要があるのではないでしょうか。**

ここで、公文式生徒第一号である、公文毅《くもんたけし》さんの言葉を拾ってみました。子ども時代の気持ちが実によく表れています。

「とにかく、毎日三〇分、会長（公文公《くもんとおる》さん）の手書きの計算問題をしなければなりませんでした。なぜ、こんなもの、自分がしなきゃならんのか、理由がわからな

⊙
高原期　ある学習（練習）を続けたときに見られる質的・量的な進歩をグラフ化したものを「学習曲線（練習曲線）」という。このグラフには、ほとんど進歩のない時期、進歩が著しい時期、進歩が減少する時期などが示されるが、練習を続けているにもかかわらず、進歩が見られなくなる時期があり、これを「高原（プラトー）期」という。

いわけです。遊びたい盛りですし、当時（昭和二八年ごろ）の小学生は、遊んでいるのが当たり前の時代なんですよ。**正直、イヤでイヤでたまらなかったですね。私自身、同じことをコツコツやるというのは、性分的に苦手でした。**あとになって考えれば、会長は私のそういう性質を見抜いていたのかもしれませんね。数学はコツコツと積み重ねていかないと力のつかない学科ですから、公文式をやっていなければ中学・高校でかなり苦労することになっていたかもしれません。

ふだんは無口で、ほとんど文句を言わない父親でしたが、プリントをしていないとたいへんな剣幕でした。この教材を休まず、毎日学習すれば、絶対に力がつくんだという信念が強烈にあったと思います。どんなにイヤがっても容赦はしてくれませんでした。**いまの教材でいうと、Fあたりの分数・四則混合は本当にイヤでしたね。毎日の学習がそれほど苦痛でなくなったのは、小三で中学の数学をやるようになってからです。とくに方程式に進んでからは、数学というのは案外おもしろいなと思えるようになりました。**

小六の六月に微積分まで終わったとき、『よくやった。これで終わりだ』と言われた瞬間のあのうれしさを、いまでもはっきり覚えています。『本当だろうか？』という疑いが最初ちょっとあって、どうやら本当らしいとわかったときの喜びは、まさに天にも昇る心地よさでした。**その後は、どうしろこうしろということは、いっさい言われませんでした。**大学受験の学校も自分一人で決めたくらいです。級友たちに比べ、学校の勉強に費やす時間がはるかに少なくて、その分、好きなことに時間を十分使えたのは、ありがたかったと思います」

高校課程まで学習を続けるなかには、大きな〈山（イヤなとき）〉があって当たり前です。しかし、そういう〈山〉を幾度となく乗り越える体験にこそ、大きな価値があると思うんです。そして、公文式は子どもが苦しくなったら、進度をもどして気分転換を図ったり、同じところをくり返したり、いくらでも〈山〉を乗り越える工夫があるのです。さらに、ご両親や先生の言葉かけ、これによって多くの子どもたちは、どんなに険しい〈山〉でも乗り越えていくことができるのです。

最先端の脳科学からも実証される公文式の効果

公文式について、公文さんはこう言っておられました。

「公文式は計算ばかりと言われるかたもありますが、これでも高校数学で苦しまないですむための最小限度の計算であり、できるだけ早く数学的な考え方ができるようになるための最短路です。この教材は学力の定着性を何よりも重視しています。

〈わかっているが、やったらできない〉というのは、前に学習したことが定着していないからです。ですから、公文式の学習初期の目的は、〈だいたいわかっていること〉を〈本当にできる〉まで復習させることです。世間一般は『こんなのやさしすぎる』と軽く考えるために、そこからの復習を怠り、せっかくの伸ばす機会を失ってしまうことも多いのです。

たとえば、たし算がなかなか進まない子どもの場合。〔6＋3〕をしていてもまだ指を使う。二ヵ月前と比べると指使いは速くなっているものの、相変わらず指を使う。いつになったら、パッと答えを書いてくれるようになるのだろう。こうなれば長期戦だから、あわてず復習していこうと思っていると、ある日突然スラスラできるようになる。このことが実は、ひじょうに大切なんです。**何かができるようになるということは、何度も練習を重ねているうちに、突然起こるものなのです。周囲から見ると、変化してないように見えるときでも、実はスラスラとできる寸前の状態があるんです。**そして一つのからを飛び出すと、当分の間はそのはずみで好調な状態が続いてくれます。

こんなことがわかっているので、私たちは、この子にはもっと復習が大切なのだという信念で教材を与えていきます。子どもに、無理に高いことを詰め込んではなりません。低いところが確実にできるようになれば、どんな子でも自然に次の段階を求めるようになるのです」

ところで、計算の重要性を脳科学の立場から説明される東北大学教授で医学博士の川島隆太《かわしまりゅうた》先生は『自分の脳を自分で育てる』（くもん出版）のなかで、こんなおもしろい実験を紹介されています。**その実験とは、〈コンピュータゲームと一桁どうしのたし算（クレペリン検査）*では、どちらが脳の活性化につながるのか〉というものです。**当初、川島先生は、「楽しみながら、かつ視覚はもちろん身体《からだ》全体をかなり

⊙
クレペリン検査　ドイツの精神医学者クレペリン（1856〜1926年）が考案。
日本では、「内田クレペリン検査」がよく知られている。
1桁の数の計算作業を一定時間行わせ、計算の速さや正確さが
1分ごとにどう変わっていくかで、人の性格や、どんな仕事に向いているかを調べる。

使って操作するゲームを選んだわけだから、視覚野《しかくや》（後頭葉《こうとうよう》の一部）、聴覚野《ちょうかくや》（側頭葉《そくとうよう》の一部）、運動野《うんどうや》、前頭前野《ぜんとうぜんや》など、脳のさまざまな部位が働き、単純で退屈な計算練習よりはうーんと活性化するはず」と予想されたそうです。ここから、川島先生のお話を載せます。

「ところが、結果は正反対。ポジトロンCT（陽電子断層撮影装置）の画像では、よく活動しているところが赤く表示されるのですが、コンピュータゲームをしたグループの脳は視覚野（後頭葉の一部）と手を動かす運動野しか赤くならなかったのに対し、**単純な計算をしたグループの脳は、計算をつかさどる頭頂葉《とうちょうよう》ばかりでなく、前頭葉《ぜんとうよう》、側頭葉、後頭葉と脳全体が真っ赤になった（活動した）のです。この結果は驚くべきものでした。あの程度の計算で脳全体が働くというのは、これまでの脳科学の常識からは考えられないことです。**これから、公文式と脳の働きは研究班でさらに研究していきますが、〝計算演習によって脳全体が活発に活動する〟という方向性は間違いないといえるでしょう。

もう一つ、〈脳が活動する〉ことを何度も何度もくり返すことで、脳細胞と脳細胞をつなぐ最短の経路が見つかり（筆者註・これが突然スラスラできるようになること）、また、脳をさらに活動させることによって、つながった経路が太くなります。**ところで、脳はかんたんすぎることや、逆に難しすぎることをやらせても、活発には活動しません。その人にとって少しかんたんなところ、また少し難しいところを学習すると活発に活動することが、ポジトロンCT（陽電子断層撮影装置）で事実として計測することができます。**この事実から考えますと、反復することによって十分練習を行う点、短時間でも毎日学習するという点、さらに単なる計算練習ではなく、細かなステップを踏みながら少しずつ難しい課題に進んでいく公文の方法は、〈脳のネットワークをつくる〉こと、そして〈できたネットワークを太くする〉ことの双方から理にかなった効果的な学習といえるのです。また、私はこれまでの研究や実験で、いろいろな行動をするときに、脳がどのように活動するのかを調べてきましたが、いままでのところ、文章を声に出して読む（音読する）ときに、脳がいちばん活発に働いていることが証明されています」

いかがでしょうか。はじめの公文さんの話は、教育現場の経験則からきたものです。それゆえ、「周囲から見ると、変化していないように見えるときでも、実はスラスラとできる寸前の状態がある……」というくだりなど、私も日々子どもたちを観察するなかで、何度も経験するのでよくわかるんです。それを科学的見地から説明してくださっているのが、川島先生のお話。この話でふと思ったんですが、外見上、変化していないように見えるときでも、脳のなかは真っ赤になっていて、必死で、ネットワークを太くしようとしてるんでしょうね。**もし、子どもたちが計算でうなっているときに、脳全体が真っ赤になっているのが見えたら、お母さんがたも、いまよりずっと安心できるんじゃないでしょうか。それが見えないからイライラするんですよね。**私たち指導する側の人間にしても、お母さんがたと多少違う点があるとすれば、何十人、何百人と子どもたちができるようになっていく〈瞬間〉を目撃していることぐらいです。それだけに、もっともっとこういう研究が進んでいってほしいですね。

ともかく、これからわが子が算数・数学教材を一生懸命解いていたら、「あぁ、いま、この子の頭のなかは、脳全体が真っ赤になってるんだろうなぁ」と、ぜひ想像してあげてください。**想像しているだけで、肩の力が抜け、やさしい気持ちになって、子どものことを見ることができるようになれますよ（笑）。**

公文式はほめ育てがしやすい教育法

いままで述べてきたように、公文式の学習法はその子にあったところから学習していくので、どんな子も力をつけていくことができるのですが、親の子どもに対する接し方で、その効果の高まり方は違ってくるのです。

たとえば、小五の子どもが公文の学習を始めたとします。出発点はA教材（小一相当の内容）のたし算。子どもはその一〇枚の教材をあっという間に解き、すべて一〇〇点。そしてうれしそうに「お母さん、全部一〇〇点やったで！」と持ってくる子どもに対して、伸ばすお母さんならこう答えます。

「すごいじゃない。一〇枚で二五〇問もあるんでしょ。それを全部一〇〇点なんて！　その調子でやっていったら、きっと学校の算数も好きになってくるよ」と。

でも、正反対のタイプのお母さんはどう答えるでしょうか。

「お母さん、全部一〇〇点やったで！」に対して、「あんた、何年生？　五年生やろ。一〇〇点取れて当たり前やないの！」

これで、子どものやる気は急速にそがれはじめます。「お母さんに見せてもいやみを言われるだけ。やっぱり見せんとこう……」と。結果、子どもは伸びる芽を摘まれることになるんです。このように、公文式で学習効果を高めるのも、第二章でお伝えしたとおり、小さな成長を心から認め、ほめることなのです。とはいえ、これを実行するのは、難しいですよね。しかし、ここに公文式ならではの強みがあるんです。公文式は常に〈ちょっとがんばったらできるところ〉を学習しています。**そうすると、昨日と今日の変化がよく見えるんですね。**〈昨日は一〇問間違ったたし算が、今日は五問に減った〉〈昨日より時間がかかったかもしれないが、初めてする問題を自分だけの力でやり抜いた〉などなど。ほめ育てが大事といっても、個人別にしている学習でない限りはなかなか変化がわからないので、こういうほめ方ができません。その子の変化を浮き彫りにさせてくれる教材、それこそが公文式なんですね。

ただし第二章でもお伝えしましたが、〈ほめる〉とは、〈おだてる〉ことではありません よ。「心底、ここはたいしたものだ」と思うところを見つけて、それを具体的に認め、ほめることです。この、「具体的に」というところが大切なんです。**具体性のないほめ言葉とはたいていの場合〈おだて〉ですが、これほど無責任で腹の立つものはありません。たとえば、私がお母さんのことをろくすっぽ知らないのに、「〇〇**

さんはすごいですねぇ！」と言ったらどうでしょう。「私のどこをすごいと思っているのか、列挙してみぃ」と思われ、反発されるんじゃないでしょうか。これと同じ。具体的にほめられて、人は初めて納得し、やる気になるのです。

しかし、子どもの具体的な変化を知ろうと思っても、ふつうに生活していたら、なかなかできません。だからこそ、公文式はお母さんがたに子どもをほめるための〈きっかけ〉をくれていると言っても過言ではないのです。

さて、少し話が変わりますが、ほめられることでやる気になるのは大人もいっしょという例として、教室の保護者とのおもしろいエピソードをご紹介します。あるとき、幼児をお持ちの、入会間もないお母さんと面談していたときのことです。

お母さん 「このあいだ、うちの子が算数を解いているときなんですけど、あまりにも数字がきたないもんですから、頭をどついてやったんですわぁ。きれいに書きなさい、となんべん言ってもきかんのです。ほんまに、うちの子はしゃーない子ですわぁ」

――お母さん、幼児にとって数字やひらがななど、小さくまるく書くのはそれはそれは難しいことなんですよ。試しにお母さん自身が左手で書いてみてください。もし、じょうずに書けなかったら、お母さんの頭をどつかせていただいてよろしいですか（笑）。

お母さん「………」

お母さん「アハハ、恐れ入りました。**なるほど、子どもの目線で見るってのは、こういうことだったんですね。**いままで、うちの子のことを認めたり、ほめたりする必要があるなんて思ってもみなかったんですが、これからは先生のおっしゃるとおりにしてみますわぁ」

と、そのときは笑顔で帰られました。それから一ヵ月後、教室に入ってくるなり、落ち込んだ顔でこうおっしゃったのです。

お母さん「先生、あきませんわ。先生のおっしゃるとおり、うちの子をほめようと思うんですけど、智美（仮名）のプリントを見ているだけでむかついてむかついて……。先生、私は母親失格ですわぁ」

――（冗談っぽく）とうとう母親失格であることに気づかれましたか（笑）。

一ヵ月前は、字がじょうずに書けないという程度のことで、どついてやったと胸を張っていたのに。それがいまは葛藤《かっとう》しておられる。すっごいレベルアップじゃないですか。〈そんなこと理想論や〉とあきらめる人と違って、何とかほめ育てしてみようと葛藤する人は確実に成長していくんですよ。

お母さん「そこまでしてでもほめますか、先生は（笑）。でも、なんかすごく勇気がわいてきましたわぁ。**ほめられると元気が出てくるってのが、ようわかりましたわぁ。智美にもこの気分を味わわせてやらんとね（笑）**」

〈だれかに認められたい〉という承認欲求を渇望しているのは、子どもだけではありません。人間なら、皆そう思っているはずです。それだけに、わが子の学習面で〝認め、ほめ、励まし、そして期待する〟を実践していくか否《いな》かで、わが子のやる気が俄然《がぜん》違ってくるのです。しかし、「わが子は、よその子のように、そうかんたんにほめられないわよ」というのが皆さんの偽らざる心境だと思います。それは至極当然で、わが子に対しては〈こうなってほしい〉という到達イメージが強すぎるために、カッとなるわけです。われわれ指導する側の人間も、責任を持って伸ばそうと思えば思うほど、一人の子に対して〈こうなってほしい〉という願望が強くなってきます。すると、ご両親とほとんど変らない心境になり、感情を抑えきれなくなるときがあるんです。ですから、ほめることが大切だとわかっていても〈言うは易《やす》く行うは難《かた》し〉というのはよくわかります。**ただ、いえることが一つあります。〝小さな成長を見つけ、心から認める、ほめる〟を実践しようと努力し続けていけば、子どもに接する大人自身が間違いなく成長していく、という事実です。**

私も人間が未熟ですから、子どもたちに言い過ぎてしまうことがよくあります。そんなときは、あとでその子を呼んで「さっきは言い過ぎた。悪かったな」と素直に謝っています。そのくり返しのおかげで、どれほど私自身が成長していることか。何年か前の自分といまの自分では、比べ物にならないぐらいです。子どもたちには、感謝してもしきれません。

まさに、〈教育〉とは、子どもとともに大人も育つ〈共育〉ですね。ですから、私はよくお母さんがたに話すんです。

「子どもは自らを成長させてくれるための〈師匠〉のようなものですね」と。

公文式学習法は、子どもだけの学習法ではありません。子どもとともに、親も先生も、みんなで成長していける、そういう学習法なのです。

公文式は成功体験を積み重ねる

…できるまであきらめない子に

世のなかには、何でもできる、あるいは何をさせても成し遂げてしまう人もいれば、何をさせても中途半端の人もいます。「一芸に秀でる者は、すべてに秀でる」とは、昔からの言葉ですが、その違いはいったい何でしょう。**私は、その違いを生むものこそ、成功体験の量だと思うのです。**成功体験が多い人は、新しい物事に取り組む場合でも「自分ならできる」と信じています。

反対に、成功体験どころか失敗体験ばかりの人は、物事に取り組む場合、「うまくいくはずがない」と信じています。この違いが、ますます成し遂げていく数に違いを生み、結果的に〈何でもできる人〉と〈平凡な人〉を分けていく、と私は思うのです。この差のことを、一般的には「才能」という一言でかたづけがちですが、みなさんはいかがお考えですか。私はこんなふうに考えます。**〈何でもできる人〉と〈平凡な人〉との違いというのは、そのほとんどが粘りの違いなのだと。コツコツと継続し、できるまで絶対にあきらめない精神を、子ども時代に身につけているかど**

うかの差なのだと思うんです。

周りを見渡せば、確かにすごい才能の持ち主がいます。私なんかも、「〇〇さんとは、生まれもったDNAの配列に違いがあるんだろうなぁ」と感じることがしょっちゅうです。でも、そこで才能の違いとあきらめて努力しなかったら、〈人生の可能性〉を捨てているのと同じではないでしょうか。**しかし、世のなか、よくしたもので、生まれ持っての才能ですべてが決まるわけではありません。とくに社会に出れば、多少の才能よりも、「どんなに困難なことがあっても、失敗があっても、それに屈せず絶対にやり抜くぞ」という〈執念〉というか〈粘り〉が、物事を成し遂げるものなのです。**だからこそ、粘り抜いて目標を達成した、という成功経験を子ども時代に持ってほしいのです。

何をやっても中途半端な人の多くは、そもそも継続することが苦手ですし、また、過去に何かをやり抜いたことによって、大きなものを得たという自分自身の体験がありません。そういう人は、何を身につけるのでも、手っとりばやく身につけたいと考えるのですが、そんなものはどこにもありません。ですから、伸びていることが自分自身でもわかる間はいいのですが、一見伸びているかどうかわからない状態に陥ったとき、いともかんたんに自分からあきらめるのです。

「跬歩《きほ》して休まざれば跛鼈《はべつ》も千里《せんり》」

中国の思想書『淮南子《えなんじ》』*にあることわざです。

あしの悪いスッポンですら、歩くのを休まなければ千里の道を行き着くことができる……、という意味です。

前進することをやめたり、あるいは〈歩み方が遅い〉ということにあわてふためき、手っとりばやく目標を達成しようと歩む方向を変えたりするから、多くの人は失敗するのではないでしょうか。大事なことは、方向を定め、一歩一歩自分のペースで歩んでいくことなのです。そうしていれば、必ず目的を達成できる、ということを、このことわざは教えてくれているのです。

しかしながら、一般的にお母さんというのは、目先の結果や目先の学習状態で判断しがちです。「友だちのAちゃんは半年で学校の成績が上がったって聞いたのに、うちの子は一年ちょっとやったけど学校の成績が上がらない。友だちのBちゃんは、この教材、二回のくり返しで通過したのに、うちの子はすでに五回。うちの子、きっと頭悪いんだわ」と実に多種多様に悩まれます。

確かに、お母さんのあせる気持ちもわかります。しかし、公文式は他人との競争

⊙
淮南子　中国、前漢時代（紀元前 202 年〜8 年）の哲学書。
このことわざのなかの「跬歩」は一あし、半歩。
「跛鼈」は片あしの悪いスッポンのこと。同じような内容のことわざに「塵（ちり）も積もれば山となる」。

ではなく、自分との闘いです。**そして、あくまで大切なことは、子どもがあきらめずに努力していれば必ずできるようになる、という成功体験を持つことです。これこそが自己肯定感につながるのですから……。**

あせることはありません。公文式の場合、スモールステップで教材が構成されておりますので、日々コツコツ努力していれば、初めは無理だと思っていたはずの〈山〉を何度も乗り越える経験を積んでいきます。**そして、その成功体験は必ずや次の成功体験につながり、ひいては〈何でもできる人〉への可能性の切符を手にすると思うのです。**

学習に〝見通し〟を持つことは、人生に〝見通し〟を持つことにつながる

小さな成功体験を積んでいくことと同じぐらい大切なこと、それは〝見通し〟を持つことです。わかりやすくいえば、〝具体的な目標を持つ〟ということです。学習の初めは、そのほとんどが「お母さんに認められたい」「先生からほめられたい」ことが動機になっているでしょうし、また、それがふつうの姿です。しかし、教育の目的は、自分で目標を持ち、それに向かって挑戦できる、自立した子を育てることではないでしょうか。

では、どうすればそういう子どもが育つのでしょうか。教室での子どもたちを見ていると、そこにヒントがあります。

初めのころ、先生やお母さんから目標を提示され、それを何度も達成する成功体験を積み、なおかつ、〈結果〉ではなく〈努力過程〉を認められてきた子は、ある臨

界点を越えると、自分で目標を持ち、それに向かって努力できるようになってくるのです。それだけではありません。自分で自分を鼓舞しながら、がんばることのできる人間になってくるのです。

それを実現している子の一人に拓也くん（仮名）がいます。いつもギャグを飛ばしているおもしろい子で、また、友だちに対しても思いやりのある優しい子です。その彼が学習していく過程において、私はしょっちゅう具体的な目標を提示し、彼と共有していきました。さらに、目標に向けての壁を突破しようと努力する行動自体を、心から認め、ほめ、励まし、そして期待していったのです。加えて、彼のご両親は、私以上にほめじょうずです。その相乗効果でしょうか。彼はある日、自分から「ぼくは最終教材までやり抜く」と宣言したのです。**宣言してからは、拓也くんにとって、真に自分との闘いになりました。教材に挑戦するのは、けっしてお母さんから言われるからでも、先生にほめられたいからでもなくなりました。**

拓也くんが小五になって間もなくのこと、学習が先へ進んで、中学二年生相当の三元連立方程式の問題と初めて出会いました。いつもより時間がかかり、目にはうっすら涙さえ浮かべています。心配になって、私はそっと近づいてみました。すると、どうでしょう。

「やってもいいひんうちから、『できひん』なんて言ったらあかん！」

彼は自分自身に対して、げきを飛ばしていたのです。感動しました。**だって、その問題は、数学が多少できる大人にだって忍耐力と集中力が必要とされるところ。まして、初めてその問題に取り組む彼にとっては、つらいところに違いありません。にもかかわらず、自分で自分を奮い立たせているのです。**必死で涙をこらえ、それでも自分が立てた目標に向かってまい進している拓也くんを見て、私は素直な気持ちでこう思いました。「ほんまにえらいやっちゃ！　私も彼に負けないよう、自分の目標に向かって、もっと真剣にチャレンジするぞ」と。彼から勇気をもらった……、まさにそんな心境だったのです。このように、日常の身近な学習のなかで、何度も目標に向けてがんばり、「やればできるんだ！」という経験の積み重ねのなかから、自己肯定感を培い、自分の可能性に自信を持つ子に育っていくのです。

そして、「来月には、いまやっている教材を終了させよう！」というような、**学習における〝見通し（具体的な目標）〟をしっかり持って、努力するのが当たり前になった子は、やがて自分の人生においても〝見通し〟を持つようになるんです。**

「一年後、自分はこういうことができる人になっていたい。それを実現するために、まずは、初めの三ヵ月、〇〇について徹底して勉強するぞ！」

このように、将来に対して〝見通し〟を持ち、それに向かって何をすべきかを考え、日々努力を積み重ねることができる人間に育てば、どんな世のなかになろうとも、怖いものなしです。人生を自分の力で切り開いていけますからね。

いかがでしょうか。もし、わが子がこんな力をつけてくれたら、親として、これほどうれしいことはないですよね。それまでの苦労が吹き飛ぶこと請け合いです。もちろん、ここまで子どもを育てるには、そうかんたんな道のりであるはずがありません。思うようにいかないことが、多々出てきてふつうです。だからこそ、うまくいっている事例から学び、実践してみませんか。子育てに「こうすればこうなる」というような方程式はありません。ただ、言えることが一つあります。

「うまくいくかどうかわからないけど、まずはやってみよう」

こんなふうに、何でも素直に受け入れ、行動に移されるお母さんの子どもは、間違いなく良い方向に向かうのです。それは多くのお母さんを見ていてわかるんです。

試行錯誤の結果、子どもが拓也くんのように育てば、第二章の〈素敵なお母様〉を越えて、まさに〈らくらくお母様〉ですね（笑）。そして、子育てを終えたあと、バルセロナ・オリンピックの銀メダリスト・有森裕子さんの言葉で有名になった「自分で自分をほめてあげたい」という心境になるんじゃないでしょうか。

第四章

お母さんがたの疑問・質問にお答えして……

「そうはいっても公文式って……」と、

ここまで読んで思われたかたもいるはずです。

そんな人のために、教室の保護者や地域の人たちから

受けることの多い疑問や質問を集めてみました。

幼児のうちから学習する目的ってなんなの?

「『なにも幼児のうちから勉強なんかさせなくたっていいじゃないか!』って主人が言うんです……」という悩みはお母さんがたからよく聞きます。「何のためにするのか」がわからなければ、お父さんの多くが拒絶反応を示すのも無理ないと思います。しかし、これから述べる内容をぜひ読んでみてください。私は、本来、幼児のうちから学ぶ目的を、こう考えているんです。

公文さんは常々「公文式幼児教育の目的は、少々のことでは負けず、常に晴耕雨読の心境で生きていけるようにすることである」と言っておられました。**さて、晴耕雨読とは「晴れた日は外で耕し、雨の日は家で本を読むこと」が本来の意味ですが、〈公文さんの言われた晴耕雨読〉とは、わかりやすく言えば〈読書と実践〉をくり返しながら自らの人生を自分の力で切り開いていく、ということです。**この言葉は、某大会社の役員秘書をしていたあるお母様が、朝日新聞にこんな投書をされたのがきっかけで使われはじめました。投書内容は、「東大出身の副社長が社内の権力闘争に敗れて左遷された。東大を出てもこんな目にあうなら、幼児教育によって学力を高めても仕方ないのではないか」というものでした。それに対して公文さんは「ぼくならこのように答える」と次のような話をされたのです。

「そもそも、幼児教育は立身出世が目的でやるのでしょうか。自立して、自分の人生をしっかり切り開いていくためのものではないでしょうか。立身出世より、本を読むことができるように育てることのほうが重要である。高いレベルの本が読めるようになれば、〈自分が生きていくうえで何を読むべきか〉ということがわかっており、それがわかっているならば、何も立身出世するかどうかで思いわずらう必要はないということです。＊諸葛孔明《しょかつこうめい》のように、三顧《さんこ》の礼《れい》で頼まれたから、しようがなく世に出ていくというのでもいいではないですか。たとえば、いまの世のなかで、政治家になって大臣に出世したところで、しようがないのではないでしょうか。国民の生活をないがしろにして、政党間・派閥間の権力闘争にうつつを抜かしている。いまさら、その人たちをどうこうするわけにはいきませんが、子どもたちにそのようなことをさせるために幼児教育をするのだとしたら悲しいことです」

⊙
諸葛孔明（181〜234年）　中国、三国時代（魏・呉・蜀、三国の戦いの時代）の政治家。早くして父を失うとともに晴耕雨読の生活を送っていたが、207年、蜀（しょく）の劉備（りゅうび）に、三度にわたる訪問を受けて軍師となった。（ここから、「三顧の礼」という言葉ができた。）以後、至誠忠義の偉人として尊ばれた。

良書を読み、人生いかに生くべきかを模索し、それを実践に移す。しかし、多くの〈世のなかの矛盾〉と出会い、悩み、また本を読み、「よし!」と気持ちを高め、実践する。洋の東西を問わず、これはという人物は皆、こういう生き方をしています。大切なのは、実践あっての読書。これこそ、公文さんの目指された〝自らを高める読書〟です。実践のない読書家というのはどういう人か。頭がいいので批判能力は高いが、自ら実践はしない……、企業でいえば社内評論家のかたですね。そういう人は、せっかく読書で得た知識も、実践がないので深みが増しません。だから、結局、字づらを追うだけの読書になってしまうんです。社内評論家は、人から尊敬されることもなければ、ついてくる人もいませんから、たとえ地位が高くても、充実した人生を歩んでいるとはいえないのではないでしょうか。**そうではなくって、困難に真正面からぶつかるための読書、実践があっての読書、これこそ価値ある読書です。人間、一つの〈志〉に向かって必死に良書から学び、感動したことを即実践に移していけば、どんなことでも成し遂げる可能性を持っていると思うんです。いや、成し遂げることができるかどうかは別として、全力で挑戦するその人生こそ、充実した人生といえるのではないでしょうか。**読書によって、いま生きている人だけでなく、何百年も前に亡くなられたかたの思想、哲学、あるいは科学、歴史など、何でも学ぶことができます。人間関係の悩みも、本から解決の糸口が見つかることも少なくないはずです。**もちろん、本好きであっても、実践を踏まえた読書ができるかどうかは、読む本の種類に大きく影響されるでしょう。しかし、活字を見ただけで敬遠してしまうようでは、人生を変えてくれる本に出会うチャンスもなくなりますので、人生において大きな損をすることになるのではないでしょうか。**

では、放っておいて本好きになるのか。いまの世のなか、ゲームの氾濫《はんらん》もあり、それを望むほうが難しいでしょう。ある日の日経新聞には、「マンガばっかり読んでいないで少しは勉強しなさい、という叱《しか》り文句はすでに死語だ」と書かれていました。いまの平均的小学生は、マンガすらもおっくうに感じて読まないというのです。ゲーム、テレビ、すべてが受動的なものばかりで、本を読んで想像力をたくましくする……、なんてのはいまの子には面倒くさいのでしょうね。**そういうことを踏まえても、わが子を本好きにするための勝負は幼児期です。**そして、本好きにすることが結果として国語力をつける最短コースになるのです。つい最近もこんな話を聞きました。ある小学校で担任の先生が「家でお母さんに本を読んでもらっている人？」と聞いたところ、手をあげた子は皆、成績優秀な子ばかりだったと。

公文さんは国語力に関してこう言っておられました。

「公文式は、初めは算数・数学教材のみで始まりました。しかし、その二〇年余りの経験のなかでわかってきたことがありました。**それは、もっと伸びてもいいのに、と思える子がそれほど伸びない場合、共通して国語力が弱いということです。国語力が目に見えないところで学力伸長に深くかかわっていたのです。**そこで私は、学力の前提としてまず必要なのは国語力だと思うようになったのです」

もちろん、読み聞かせや音読を毎日聞いてあげるといった、お母さんの努力次第で、小学生になってからでも本好きに持っていくことは可能です。しかし、子どもがある程度大きくなってからのお母さんの努力量は、幼児期の何十倍にもなるのです。だいいち、子どもが鉄砲玉のように外へ遊びに行って家にいませんからね。

「うちの子は本好きよ」とお母さんは言われるかもしれません。**しかし、せっかく幼児のうちに本好きになった場合でも、読む本のレベルを上げていくことは意外と困難です。**子どもは、お気に入りの本にこだわりますからね。もし、公文式の学習で読み書きができるようになった幼児が、国語教材でどんどん進度アップしていけば、ふだん読まないような本に、教材をとおして触れることができます。そして、教材で新たなお気に入りの本と出会えば、またそれを教室や図書館で借りて読むことでしょう。そうすることで、どんどん読書の幅が広がっていくんです。

　公文さんが二〇代のとき、守らなければならないと心に決めて壁に書きとめておいた言葉が**〈稚心《ちしん》を去る〉**だったそうです。これは、幕末の開明派《かいめいは》志士・*橋本《はしもと》左内《さない》が一五歳で著した『啓発録《けいはつろく》』にある言葉です。**「稚心」というのは子どもじみたことという意味です。つまり、公文さんは「人間はいつまでも幼いままではいけない。できるだけ早く〈大人の心〉をもって、世のなかの役に立たなければ……」との思いから、これを壁に書きとめていたわけです。**そういうことから、公文さんは、「まだ子どもだからということで、いつまでも絵本しか与えないのではなく、それがその子にとって無理がなければ、どんどん大人が読むような本にも触れさせてあげるべきだ」と考えていたのです。人生を考えさせるような本と一日も早く出会うことによって人生の目的を早くつかむことができ、人生においてどのような状況に直面しても、自分自身でしっかり物事を考え、判断して成長していけるだろうからです。

　このように、公文さんの目指した幼児教育は、まずは読書能力を高め、〈稚心を去る〉ことを主眼としております。そして、その目的は「どんな世のなかになっても、自分の人生を自分の力でしっかり切り開いていくために、何を読むべきかがわかり、自分の進むべき方向を自分で考えられる子に育てる」ということなのです。

⊙
橋本左内（1834〜1859年）　幕末の志士。福井藩士。
緒方洪庵（1810〜1863年）に適塾で蘭学・医学を学び、藩の洋学を振興した。
『啓発録』は、左内が15歳のときにまとめた書。
公文式国語N教材に一部掲載されている。

計算中心で本当にだいじょうぶなの？

「先生、うちの子、おかげさまで計算は速く正確に解けるようになったんですけど、文章題になるとペケばっかり。こんなことじゃ、先が思いやられるし、心配で、心配で……」

学習を始めてしばらく経つと、わが子の計算スピードが目に見えて速くなってきます。これは、そのときによく受ける質問です。それに対して私は、自分の指導経験から確信を持ってこう答えています。

文章題や他の計算問題以外の分野が得意かどうか、これは実は国語力と密接な関係があるんです。**国語力のある子は、質問してきた場合でも、ちょっとしたアドバイスでピンときますし、難しい文章題でも反復することで、解き方そのものを身につけることができます。しかし、基礎となる国語力がまだついていない子は、懇切ていねいに教えても反復させても、なかなか真の理解に至りません。**そういう子の解答は、問題文に出てきた数字を見て反射的にたすか、ひくか……という世界。ですから、文章題をたし算にしてペケをつけられたとき、彼らは「そしたらひき算?」と聞くんです。要するに、問題文を読んでも頭のなかで具体的にイメージできないんですね。また、高学年ともなると、計算問題以外の分野(面積・体積・グラフなど)の比率が高くなります。このとき如実に現れるのですが、国語力のない子は、たとえ算数・数学で学年を越えて進んでいても、計算以外の問題で点が取れないことが多いのです。逆に、高学年のときに学校の成績が良い子というのは、ほとんどの場合、本好きで、いわゆる国語の読解力が高いのです。**ですから、お母さんが、文章題を含め小学校の算数の成績にあくまでこだわるのなら、実は国語の読解力を上げることに力を入れるべきなんです。実際、公文の教室でも、国語で自分の学年より二学年以上先を学習している子どもは、すべての教科でたいてい良い成績を取っていますからね。**

ところで、中学・高校以降を視野に入れて計算一本でいくとどうなるかについて少しお話ししますね。これは、公文教育研究会の先輩、尾野裕史さんの実話です。

「ぼくはね、木全《きまた》さんの〈計算とは数学の突破口〉っていうことを書いた文章を読むたびに涙があふれてくるんだよ。というのもね、ぼくは小さいころ、算数、国語どころか何にもできない子だったんだ。笑わないでね。鉄棒の逆上がりすらできなかったし、家庭科の授業では針に糸を通せず、恥ずかしくて周りにも言えずにいると、とうとうそのまま授業が終わったこともある。小学校のテストは、二〇～三〇点が平均。作文の時間はいつも『ぼくは、』と書いただけで授業が終わった。また、どもっていたので、みんなからもイジメられた。絵を描かせるとまっ黒な太陽……。いまから考えると、完全な心の閉鎖。『あゆみ（通知表）』は〈がんばろう〉の連続。自信などかけらもなし。そんな折、『あゆみ』の備考欄に学校の先生が『計算はできるね』って書いてくれたんだ。**計算分野も『あゆみ』では〈がんばろう〉なんだから、人より計算が速いはずもない。だから、必死でマシなところをほめ、勇気づけてくれたんだと思う。しかし、何もできないと思い込んでいたぼくにとっては、その言葉だけが希望の光だったんだ。**その日から、一日二時間、教科書のなかの計算をした。二歳年上の姉がいたので、自分の学年の計算がスラスラできるようになったら、姉が前の年に使っていた教科書の計算（自分より一学年上の計算）をした。それができるようになったら、姉がそのとき使用していた教科書の計算（自分より二学年上の計算）を。とにかく毎日計算をし続けたんだ。その結果、どうなったと思う？**中学での数学の成績は学年トップ。高校でも数学がずば抜けて得意になって、高三**

のときの偏差値は75までになったんだ。だから、学生時代の仲間としゃべるときによく話題にするんだ。『数学は計算こそ命だ。突破口レベルのものじゃない』って。ぼくは、何もできない子だったから計算に命をかけることができた。でも、一般のお母さんたちは、わが子にあれもこれも、やらせればそれなりにできるもんだから悩むんだろうなぁ。ぼくは、いま話したような体験から、計算に絞った公文の学習法ってのがスーッと理解できたんだけどね」

いかがでしょうか。計算分野に的を絞り、学年を越えて学習することで、中学以降の数学が得意になることが、おわかりいただけたと思います。だからこそ、公文式は〈あれもこれも〉とすべてを望まず、代数計算中心に教材を構成したのです。

教科書の内容すべてを盛り込んでも、能力の高い人なら、なんなくこなせるかもしれません。しかし一般的には、消化不良を起こして、中学・高校で数学嫌いになるのではないでしょうか。尾野さんの事例はたまたまではありません。〝計算こそが数学の突破口〟なのです。

そしてこのことは、四〇年以上、のべ一〇〇〇万人以上の子どもたちを指導するなかで見つめ続けた結果、私たちが自信を持っていえることの一つなのです。

公文式とそろばんの違いってなんなの?

お子さんがたし算やひき算をやっているとき、お母さんからよくある質問は、「同じ計算なんだったら、そろばんのほうが速く解けるようになりませんか。公文の計算とそろばんと、いったい何が違うのかがよくわからないのですが……」というものです。それに対して、私はこのように答えています。

結論からいうと、公文式とそろばんは、根本的に目指すところというか、その役割がまったく違うんです。世のなかのお母さんは、計算というと四則演算だけを思い浮かべるようですけど、公文式でいう計算とは、あくまで代数計算なのです。つまり、四則(加減乗除)を越えて、方程式・因数分解・微積分など、文字(xやyなど)を使った計算を駆使できるようにして、中学・高校で困らないようにするための教材です。それに対して、そろばんというのは、四則演算を限りなく速くするためのもの。そろばんができる人の計算の速さはまさに神業ですが、そろばんで方程式や因数分解を解くことはできません。これが、同じ計算といっても、〈役割が違う〉という意味です。

公文さんは高校の数学教師だったころの経験から、よくこう言っておられました。「小学生のころ、そろばんが得意で算数が好きだったはずの子が、高校で数学嫌いになってるのを見ると不憫《ふびん》で不憫で……」と。

もちろん、そろばんの達人で、かつ数学も大好きというかたもおられます。でも、どちらかというとそろばんは得意だけど数学は嫌い、って人のほうが多いんじゃないでしょうか。私は、そろばんをされていたお母さんには必ず聞くんですけど、「中学以降も数学が得意だった」と答えられる例は少ないんですね。

また、そろばんだけをしている子というのは、瞬時に答えを出すことが当たり前になっているせいか、分数以降の、途中式が必要になるあたりから、やたらと面倒くさがる傾向があります。昔こんなことがありました。当時小一だった隆志くん（仮名）は、そろばんを習っており、計算も得意でD教材（小四相当の内容）を解いていました。彼は、〔32×26〕というような〈二桁《けた》×二桁〉のかけ算も、筆算形式にせず一度で答えを出すんです。私は迷いました。瞬時に書いて正答ならまだいいのですが、一〇問中、七、八問も間違うのです。まだ、そろばんの力も不十分なんでしょうね。「例題に書いてあるように、筆算形式にして計算してごらん」と言うと、「いやだ。面倒くさい」と答えます。私もまだ指導歴一年でしたので、どうしたものか悩み、結局、公文さんにアドバイスを求めました。

「隆志くんにはですねぇ、『一度でできるのもかしこいが、一度でも筆算でもどちらでもできるほうが、なお、かしこいんだぁ』と言ってみてはどうか。また、お母さんには、今後の数学のことを考えたら、途中式を書いていく訓練も積んでおいたほうが得だということを、お伝えしておくといいですねぇ」

公文さんは、こうおっしゃいました。私は、隆志くんにそのまま話したんですけど、「いやだ！　だって面倒くさいもん」と泣くんです。結局その日は、涙で教材をぬらしながら解きました。しかし、次の教室日には間違いがうんと減り、隆志くん自身、筆算形式で解いても、思っていたほど面倒なことでもないのが実感できたのか、「こんなん、カンチンコンチン（かんたん）やん」と笑いながら学習してくれたのです。

ところで、何のために数学を学ぶのでしょうか。よく、「おれは社会に出ても数学なんて使わないのに、なんでこんな勉強させられんねん」と言ってくる子がいます。

しかし、数学というのは、学習を通じて〈論理的思考能力〉を養うことができるのです。一つひとつ式を展開して、「こうだからこうなる、だからこうなる」というような、論理立てて物事を考える訓練をするところにこそ、数学を学ぶ重要性があるわけです。問題が生じたときに、結果から原因を突き止め、そして解決方法を見出す〈問題解決能力〉というのは、論理的思考があるからできるんです。生きていくうえで、この能力がどれほど大切か！　ですから、子どもの将来のことまで考えると、どうあろうと数学力を身につけさせるべきなのです。

私はそろばんを否定するつもりはまったくありません。しかし、公文式なら、たとえ算数嫌いの子であっても、〈ちょうど〉の学習と代数計算に絞ることによって、中学以降の数学を得意にさせてしまうことができるのです。また、学習を継続するなかで、粘り強さ、あきらめない心、日々努力する精神なども身につきます。それだけではありません。学年を越えて進んでいくことで、未知なるものへの挑戦心をも身につけてしまう、公文式とはそういう学習法なのです。

学習を習慣づけるにはどうしたらいいの？

私の教室に通ってくれる生徒のお母さんに、こんな相談をされました。
「先生、うちの子、その気になって取りかかったときは、本当に速いんですよ。でもね、いつも宿題をためてしまって、教室のある前日になってあわててするんです。そうしたら、宿題が二日分あるもんですから、集中力が途中でなくなってきて、だんだんダラダラしてくるんです。宿題をためずに毎日やれば、一日分だからすぐに終わるのに……。うちの子はやっぱりコツコツするのに向いてないんでしょうか。そこだけ直せば、もう言うことないんですけど……」

毎日、練習をするというのは、公文式に限らず、あらゆる分野で重要なことです。筋肉を鍛える場合もそうですね。毎日鍛えていても、ほんの数日何もしなかっただけで、あっという間に衰えてしまいます。**ごはんも毎日食べるから、体に栄養がついていくのであって、「どっちみち明日食べるんだから、今日食べなくたっていい**

や」なぁんてやってたら、じょうぶな体は作れませんよね。

学習も同じ。毎日、ほんの少しの時間でいいから机に向かう、というのがひじょうに大切なのです。とはいえ、これを子どもの意志だけに頼っていると、習慣はなかなかつきません。私は、子どもたちやお母さんがたに、毎日はがきを書き続けてもう何年にもなるのですが、やはり取りかかるまでに時間がかかるんです。できれば、明日に先送りしたいって思うこともしょっちゅう。それに打ち勝とうといつも必死（笑）ですが、子どもに初めから、そこまでの意志を持て！　と言っても、ほとんどが無理でしょう。**でも、どうあろうと、子どものためを思えば、そういう習慣をつけさせるべきなのです。その習慣のつけ方を、公文式の学習に当てはめて書いてみました。公文式をしていない人も、何か習いごとの宿題をさせるときに、応用してみてください。**

公文式の宿題でも、よく、ためておいて一気に解く子がいます。宿題の内容がやさしいころはそれも可能です。しかし、難しくなってくると、このやり方では負担がかかってくるんですね。そうなると、宿題が出せなくなる。当然、学校の授業もおもしろくないし、公文でも進度が進まない。進まないからやる気も萎《な》える、と悪循環に陥ります。また、無理して一度に宿題をかたづけようとした場合でも、たくさんの教材を一気に「処理しよう」という感覚で解きますから、間違いだらけになることが多いんです。この場合も、学習が空回りしますから、やっぱり悪循環ですね。

では、どうしてそうなるんでしょう。**毎日学習が定着しないご家庭は、たいていお母さんが優しすぎるんです。だから、子どもが「眠たい」とか「明日がんばるから」などと言ってくると、ついその言葉に負けるんです。**子どものほうも必死。目の前のラク（宿題をしないですむ）を勝ち取るために、小学生ともなると役者顔負けの迫真の演技で迫ってきます。**そして、お母さんがそれに負けるのを体験すると、子どもは〈粘れば何とかなる〉という、妙な成功体験を積んでしまい、結果としてどんどん手のかかる子になっていくんです。**

ここで大事なのは、子どもが「今日は宿題をしない」と言ってきたときに、〈本当の理由〉を見分けることです。もしかしたら、宿題自体が難しすぎるのかもしれません。自分の学習に関心を示してくれないお母さんに対して、子どもの〈私に興味を示して！〉の合図かもしれません。もちろん、体の具合が悪いことも考えられます。**しかし、そんな理由じゃなくて、単なる怠け心で言ってるんだったら、絶対に**

負けちゃいかんのです。立派な子を育てるためだと思って、心を鬼にしてその日の宿題をさせきるんです。ただし、あくまで笑顔でね（笑）。また、こういうとき、たいてい子どもはダラダラするもの。しかし、ここで「ちゃっちゃとしなさい。何言わせたら気がすむの！」と叫ぶと泥沼ですよ。泣いてしまって始末におえなくなります。それよりも、横について問題を順々に指差しながら「はい、次。はい、次」とするほうが効果的です。はじめはイヤイヤ解いていた子でも、テンポがいいと、知らず知らずの間に集中しはじめるんですね。

さて、妥協しないお母さんの姿勢を何度も見るうちに、子どものほうもいい意味で観念してきます（笑）。そして、〈どっちみちしないといけないもの〉というのがわかってしまうと、徐々にですけど、一声かければするようになってきます。そのかわり、どれほどグダグダ言ったあとでも、その日がんばってやり抜いたんであれば、「眠たいのによくがんばったね」と抱きしめんばかりにほめるんです。ここが大切なんですよ。**つまり、〈優しさ〉と〈厳しさ〉という相反《あい》する両極端を併せ持って、局面によってきちんと使い分けることが大切なんです。優しいだけではわがままになるだけですし、厳しいだけでも人はついてきませんからね。さらに、この優しさと厳しさは、〈メリハリ〉があればあるほど効き目があります。**ここぞというときの厳しさも、ふだん優しくされていてこそ効果が出るんです。年がら年じゅう怒っていては、メリハリがないから、子どものほうも「また、わめいとるわ」ぐらいにしか取らないんですね。

ここまでの話を整理しますね。**毎日学習を習慣にするには、まず、しようとしない本当の理由を見分けること。そして、それが怠けたい気持ちからであれば、〈顔で笑って、心は鬼〉で、けっして妥協しないことです。その厳しさが「どんなにしたくないときでもがんばったんだ」という既成事実を、一つひとつ子どもの心に積みあげていきます。その積みあげこそが、子どもに自負と自信を植えつけ、少しずつですけど〈明日に先送りしない人間〉に育てていくのです。**また、お母さんがこういう前向きな試行錯誤をくり返されるうちに……。そうです。ほかならぬお母さんの心が高まり、内面からより美しく、より光り輝くようになっていくんです。子どもが学習するだけではなく、お母さんも、ともに成長することができるのです。

勉強ができすぎると、学校の授業や友だちをバカにしないの？

わが子の成績が悪いと言っては悩み、成績が良くなってくると別の心配事が出てくる。本当にお母さんがたの悩みは、いつになっても尽きることがありません。けれども、次の内容を読み進めれば、そんな悩みはすぐに解消されますよ。

学校のクラスのなかには、授業中に「こんなん楽勝や」と偉そうにしたり、友だちに教えるときに「なんでこれがわからへんの？」と言ったりする子が必ずいます。学力をつけすぎると、わが子がそうなるんじゃないかと心配する気持ちもわかります。しかし、言葉の表面にとらわれず、ちょっと〈深読み〉してみてください。あの言動は、授業や友だちをバカにしているように見えますが、実は違うんです。**すべての人が渇望している承認欲求、つまり〈人から認められたい〉って気持ちを満たしたいがゆえの言葉なんです。それがいやみになることは、まだ子どもだから気がついてないんですね。しかし、心配することはありません。これも〈人の成長に**

欠かせない過程〉ですし、対処方法はいくらでもあるんですから……。

公文式の教室でも、ちょっと学年を越えただけの子が、学年以下を学習している友だちに「えぇなぁ、かんたんで」とか言うことがあります。しかし、自分の学年より二、三学年以上越えて学習している子は、まずこういうことは言いません。学年を越えてどんどん進む過程での、幾多の苦労、葛藤《かっとう》が精神面を成長させるのでしょうね。また、ちょっぴり学年を越えている子たちと違い、アピールしなくても皆が認めていますから、承認欲求の葛藤で苦しむこともありませんしね。

では、一時的とはいえ、学年を越えたわが子がそうなったとき、どう対処すべきか。一例をお話しします。あるとき、小二で一学年先を学習しているX子ちゃんが、同学年の子が2A教材（小一相当の内容）を解いているのを見て、「かんたんでえぇなぁ」とやったのです。しばらくは様子を見ていた私も、教室日ごとにそれを言うので、ある日その子を呼びました。

「X子ちゃん、あなたと同じ学年でG教材（中一相当の内容）を解いているY子ちゃんのこと知ってるよね。あの子がもしもD教材（小四相当の内容）の初めで苦しんでいるあなたのことを見て、『あんなかんたんな問題で悩むなんてアホちゃうん』って言ってきたらどう思う?」

そう問いかけました。彼女は、激しく顔を横に振りながら、「絶対イヤ」

そこで、「あなたが友だちに言ってることは、それと同じことなんだ。Y子ちゃんから、そんな言葉は聞いたことないだろう。そこを見習うと、あなたはみんなからもっと尊敬されるよ」と言いました。それ以来、彼女からそういう言葉を聞いたことがありません。

たとえ、学年を越えて進んでいく過程で、いまお話ししたような「症状」が子どもに出たとしても、こんなふうに対処したら、実はたいしたことのない問題なんですね。ですから、学年を越えていくだけの力（学力のみならず、忍耐力、挑戦心などを含めた力）がついてきたなら、どうあろうと前へ進んでいくべきです。

中学以降も、学力貯金がある子ほど、心にゆとりがあるので、クラブ活動や好きなことに情熱を持って打ち込めるんです。「バカにしないかしら」なんてのは、いらぬ心配なのです。

基礎的な練習ばかりでは、創造性がつかないんじゃないの？

世のなかには、たくさんの不親切な教育があると思うんです。創造性が大事と言いながら、では、どうやって、どんな順序でその創造性を育てていくかを示せないような……。

「公文式は、単調な反復練習の積み重ねだから、創造性がつかない」と批判されるかたがおられます。しかし、基本的な力もなく、わけもわからない状態で創造性を身につけろというのは、私はおかしいと思うんです。

たとえば、テニスにおいて、スイングの仕方もろくに習わず、「あなたの思うままに創造性を発揮してスイングしなさい」と言われ、そのとおり実行したらどうでしょうか。――へたくそになること、間違いありません。**まず、基本的な打法を習い、それに従って何回も何回もボールを打つ練習をして、基本的な打法がしっかり身についたころに、一流選手のこういうところを取り入れてみよう、と試行錯誤が始まるんじゃないでしょうか。**フォアは伊達公子《だてきみこ》さんのこんなところをまねてみたいなあとか、バックは杉山愛《すぎやまあい》さんのこういうところを取り入れてみようとか……。しかし、取り入れようとしても、すぐまねできるものではありません。そんなことがかんたんにできるぐらいなら、皆が伊達さんや杉山さんになってしまいますからね。筋力も違えば、運動神経も違う。だから、取り入れてみようとしても、なかなか思うようにいかない。ここに葛藤がある。**でも、そういう日々の努力を積み重ねるうち、いつしか自分流の打ち方、いわゆる創造性を発揮した、その人独自の打法をあみだせるものではないでしょうか。**これはテニスのようなスポーツ、武道、あるいは書道など、すべてに共通する真理だと思うんです。

日本で七年連続首位打者となり、メジャーリーグで活躍中のイチロー選手にしても、天才テニスプレーヤーと呼ばれたマッケンローにしても、はじめから創造性を発揮してあのようになったわけではありません。**反復練習によって基本的な力を身につけ、その力を持った者がさらに練習につぐ練習のなかからあみだしたもの、それこそが創造性だと思うんです。**

これと同じで、基本的な働きかけや日々の練習、訓練もほとんどなされていないような子どもに、ある日突然、気がついたら創造性がついていた……、なんてことは考えられないのです。しかしながら、創造性という言葉自体があいまいに感じられるため、何となく自由に遊ばせていれば、勝手に創造性がつくと思っておられるかたも少なくないようです。いや、そんな気がしているというべきでしょうか。

公文さんは常々「創造性をいうまえに、まずは五分間でも自習ができるようにしてやることが大切です。そんな力がついてくれば、持続力、集中力がつき、自主性、自律心が養われてくる。そこで初めて、創造性という言葉が意味を持ってくるわけです」と言っておられました。

きちんと学習する力をつけることが、教育のまず第一の根本であって、それを創造性が大事とか、ゆとりのある教育とか、実体のないことを言葉だけでうんぬんしていても仕方ないんです。まずは子どもたちが学んでいって、基礎的な学力をつけたうえで、しかるのちに、創造性とか個性とかがあるのではないでしょうか。

自分で学習していく姿勢のない子どもは、学習においても、スポーツにおいても、創造性などという以前の問題です。

あいまいな言葉を並べたてるのではなく、まず五分間でも自習する姿勢を身につけさせる、これが公文式なんです。

教材さえ解いていれば、伸びていくの？

お母さんがたのよくある誤解に、「教材があるんだから、ただそれをやらせておけばいい」というのがあります。**しかし、機械的に解かせていては、伸びるものも伸びません。教材という、子どもを伸ばすためのツールに〈魂〉を吹き込むのが、先生や親御さんの、その子に対する〈思い〉なんです。**お母さんがどんな形でわが子に思いを伝え、どのように、やる気を育んでいくかについては、第二章で詳しく述べたので省きます。では、先生の思いとはどんなものでしょうか。

私は、教室で学習している子どものことを考えていて、真夜中にふっと飛び起きることがあります。弘樹くん（小五・仮名）のときもそうでした。彼を何としてでも伸ばしたい。そんな思い入れが強くなればなるほど、今度予定している教材を速く、正確に解けるだろうかと心配になってくるのです。

弘樹くんは、Ｆ教材（小六相当の内容）を学習していました。ここは、複雑で面倒くさい分数の四則混合が入っているところです。それも影響したのでしょうか。

彼にやる気が見られず、教材をダラダラ解く日々が続いたのです。そこで、一時間以上かけて、弘樹くんと面談をしました。

――速くできるようになんか絶対ならへんと思っているやろ。
弘樹くん「だって、こんな難しい問題、速くなんか解かれへんもん」
――そうじゃないぞ。一気に解こう！　と意識してやれば、必ず速くできるようになっていくもんだ。初めっから無理だとあきらめているから、よけいに時間がかかるんだと先生は思うよ。いま、これが三〇分でできるようになったら、来月にはいよいよ中学校の教材に入れるぞ。かっこえぇなぁ。
弘樹くん「ほんと!?　でも、できるかなぁ」
――できるかどうかよりも、「やってみよう！」っていう気持ちが大切なんだ。
弘樹くん「無理だと思うんだけどなあ。でも、ちょっとだけ挑戦してみる」

そんなやり取りをした次の学習日、私は彼と前回の約束を確認してから、学習に取り組ませました。するとどうでしょう。それまでの弘樹くんでは考えられないようなやる気を見せてくれたのです。

弘樹くん「先生、ほんまに三〇分でできた。自分でもびっくりや！」

――そやろ。弘樹がその気になったらできると思ってたんや。その調子で次のときも三〇分に挑戦しようや。

弘樹くん「いや、次は絶対無理や。難しいもん」

――弘樹。今日のところも「絶対無理や」って言ってたところだぞ（笑）。

こうは言ったものの、私も心のなかでは祈るような心境でした。「今日はほんとにうまくいった。でも、次回も同じようにうまくいくだろうか。今度予定しているところは少し難しくなる。その問題を解いて自信を失い、『やっぱりできひん』とならないだろうか」

先生というのは、その子を伸ばしたいと思えば思うほど、ご両親と同じような心境になってくるものですからね。

私の立てた計画では、もう一回復習してから、さらに難しい問題をすることになっていました。悩んだ末、いったんは計画どおりにしたのですが、ふと真夜中に目が覚めたのです。

「いや、あの面倒くさい四則混合を、三〇分で解いた弘樹のいまの集中力なら、次のステップの問題でもできるかもしれない。弘樹を信じ、挑戦させてみよう」

そう決心し、進めることにしました。すると、次の学習日、「先生、またできたでぇ」って明るい笑顔で言ってきてくれたのです。どれほどうれしかったことでしょうか。

公文式で教える先生というのは、皆このように、次に学習する教材を、一人ひとりにセットしていきます。思いを込めながら。だからこそ、それぞれの子が次の教室日にどんな様子で解くのか、すごく気になるんです。**もちろん、私たちの予測がうまくいくこともあれば、はずれることもあります。子どもの解いている様子を観察し、次回にまた、どの教材を渡してみるかを試行錯誤する……。これが公文式なんです。**だからこそ、教室での学習の様子に加え、ご家庭での様子が情報として先生に入っていると、子どもを伸ばしていくうえでとても役立つのです。

わが子のことを相談してくださるお母さんほど、情報が多く、判断材料が多いので、その子を無理なく伸ばすことができますし、スランプに遭遇しても乗り越えやすいのです。反対に、「この程度のことで相談したら、先生に申し訳ない」と、すごく気づかわれるお母さんがおられます。しかし、小さな悩みを先送りしているうちに、やがて一人で背負いきれないほどの悩みになってしまうことがよくあるんです。**お医者さんには、ふだん起きている症状を包み隠さずお伝えしていないと、投薬を間違われる危険性がありますよね。同様に、わが子の状況を細かく伝えておくことで、先生も、よりよい処方ができるんです。**また、お母さんからいろんな情報をいただくことで、ほかならぬ先生自身のその子への〈思い〉がどんどん深くなっていくのです。

公文式の教材は、いまの学力がどうであろうと、その子にとって〈ちょっとがんばればできるところ〉を学習していくことで力がつく素晴しいものです。**しかし、極論してしまえば、教材はツールにすぎません。ですから、教材さえ解いていれば子どもが勝手に伸びていくのではないのです。「この教材を乗り越えてね」というような、先生の子どもへの〈思い〉、あるいは先生や親御さんの「あなたは必ずできるよ」という、愛情のこもった表情、言葉がけによって、教材というツールに〈魂〉が吹き込まれ、子どもがやる気になり、結果として伸びていくのです。**

余談になりますが、学校の先生も含め、いわゆる「先生」というのは、相談されたり頼られたりすると、放ってはおけない性分の人がほとんどです。私なども、相談されることは、まさに〈生きがい〉です。自分自身の存在意義を確認できる瞬間ですからね。母なども、自分が入院しているときでさえ、隣のベッドで寝ている人の悩みを聞いては、人生に希望を与えていたそうです。入院してまでそんなことをしている自分を「教師の性分やなぁ」と笑っていました。「先生」っていうのは、例外を除けば、そういう人たちだと思うんです。

ぜひ、「この程度のことで……」と思わずに、〈先生に何でも相談〉してみてください。子育ての悩みをお母さんと分かちあいながら、ともに乗り越えたときの感動は、先生にとって〈教育者冥利《みょうり》に尽きる〉と言っても過言ではありません。そして、お母さんのほうも、先生と相談しながら乗り越えた経験が、「自分たちだけで育てていかねば……」というプレッシャーを和《やわ》らげることにつながるのです。いつでも相談できる主治医ができたも同然ですからね。**そんな〈教育ホームドクター〉を見つけるために必要なことが……、そうです。悩みを打ちあけ、頼ってみることなのです。**

字をていねいに書かせるには、どうしたらいいの？

　つい先日も、お母さんからこんな相談を持ちかけられました。

「先生、うちの子、宿題はきちんとやるようになったんで、今度こそほめてやろうと思ってプリントを見たら、字がきたないったら、ありゃしない。もっときれいに書くように言うと、『だって、時間、書かなあかんし、きれいに書いとったら遅くなるもん。きたなくったって、速くできたほうがえぇねん』なんて、へ理屈こねるんですわ」

　字がきたないことを嘆くお母さんは、意外と多くおられます。でも、こんなふうにすれば、きれいに書かせることは、それほど難しいことではないのです。

　字に関していえば、例外はもちろんあるものの、ほとんどの場合、ていねいに書いている子のほうが、難しい教材になればなるほど伸びていきます。**〈集中力がつく〉〈細かい心でモノが見られるようになる〉〈いま、何をやっているかの自覚ができ**

きる〉〈ほめられることで意欲が出る〉など、ていねいに書くことの効能は枚挙に暇《いとま》がありません。ですから、ていねいに書くというのはとても大切なことなんです。ただし、習字でもしているかのように書くのはいきすぎです。それでは処理能力が高まりませんから、そういう子には「鉛筆をもう少し速く動かしてごらん」と声をかけてあげてください。

さて、私の教室の例でお話ししますね。**とくに心配なのが、筆圧の弱い、ふわふわした字を書く子です。**こういうタイプの子は、筆算をしているときには、数字がバカでかくなり（図①、右参照）、二桁のわり算をする際は、ひき算のところで桁がそろいません。また、分数の四則計算では、自分で書いた途中式すら見るのもイヤなのか、間違うと反射的に（どこが間違っているのか途中式を確認せずに）式のすべてを消そうとするなど、ろくなことがありません。

わが子がそのタイプの字を書いていたら、早めに処置をしたほうがいいですね。たとえば、幼児や低学年の子でふわふわした字になっている場合には、しんのやわらかい鉛筆に変えてあげるといいでしょう。**そもそも、字がふわふわしている子は、数字やひらがなの〈始点〉と〈終点〉がはっきりしていません。とくに、〈終点〉が定まらず、シュッと流れてしまうんです**（図②、右参照）。**反**

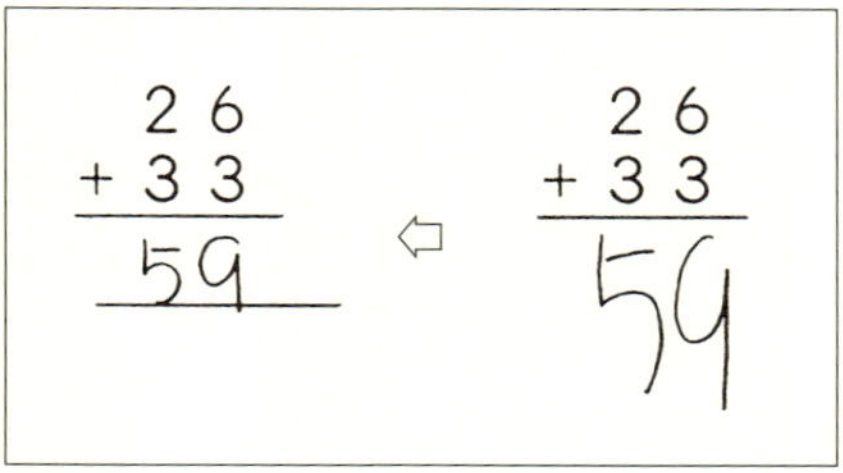

【図①】

対に、きれいに字を書ける子は、〈始点〉と〈終点〉でしっかり鉛筆が止まります（図②、左参照）。ですから、線引き練習をしているときから、〈始点〉と〈終点〉を意識させていくことが大切なのです。そうすれば、数字やひらがなもていねいに書くようになるのです。

ところで、すでにふわふわした字を書いている子をどう矯正すべきか。一例をお話しします。

たとえば、筆算の学習のとき、大きすぎる字を書く子には、**問題の下側にうすく線を引いてあげることです**（図①、左参照）。**そうすれば、おもしろいことに、小さく収まる字を書けるようになってくるのです。〈小さな字を書く〉というのは、〈始点〉と〈終点〉を意識することにつながり、筆圧も自然と強くなるんです。**ほんとにこれは効果絶大で、「『字をていねいに書きなさい！』とうちの子に何回言っても聞かなかったのに、たった一本の線で、こんなに字がきれいになるもんなんですね」と多くのお母さんが感動されます。また、かけ算・わり算や分数計算に入ったとき、私は子どもによってですが、定規を使わせます。高学年の、字の乱雑な子でも、定規を使うことで数式が見やすくなり、学

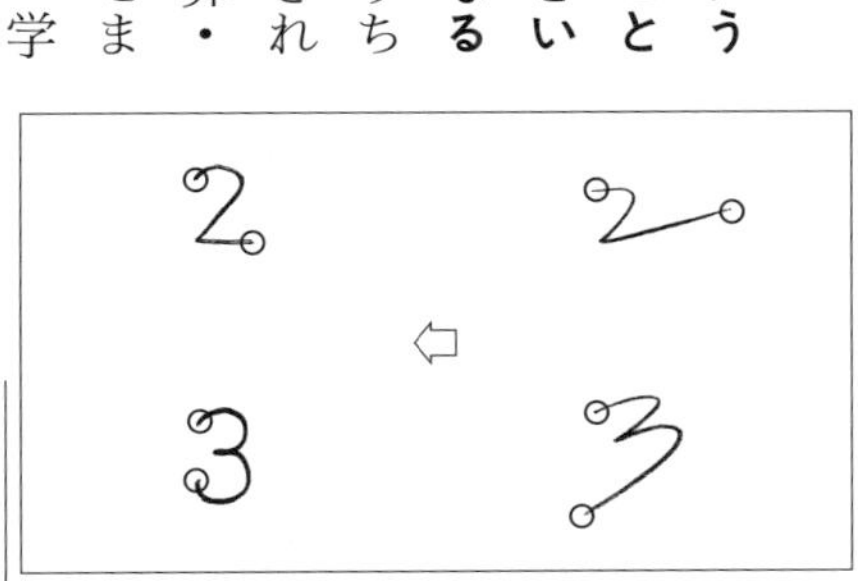

【図②】

習効果があがる子もたくさんいるからです。

ここまでは、一つの具体例を示してきました。では、家庭でお母さんが取り組む姿勢はどうするのがよいでしょうか。最も大切なことは、ここでもやはり〈賞賛〉です。鬼のような形相で「なに、このきたない字は！」とわめくより、なかでもじょうずに書けた字を見つけて、心からほめるほうが効果大です。**〝ダメ、ダメという言葉は制止を表すだけ〟なので、子どもたちはどうしていいのかわかりません。それに対して〝ほめるとは方向性を示すこと〟です。**つまり、こういう字を書けばほめてもらえるってのが子どもに伝わるわけです。まぁ、幼児ならこの方法でたいてい解決しますが、小学生ともなると、そう単純にはいかないこともありますよね。

そんな際は、〝顔で笑って、心は鬼〟。いったん書いた答案を消すことも必要です。ただし、「心を鬼」ではなく、お母さんが鬼そのものになって、ヒステリックに消したのでは効果ありませんよ（笑）。ニコニコ笑顔で乱雑な字を消していても、子どもにはお母さんの気迫が伝わります。そして、じょうずに書かせたうえで、最大級の賛辞を与えるんです。

私も教室でたまにこれをします。「これは○○くんの字とは思えない字だなぁ」なんて言いながら満面の笑顔で消します。子どもは一瞬顔が凍りつきますが、そのあと私が、ていねいに書けている教材と、以前の乱雑なものとを比較して、「どっちがキレイ?」と聞きます。

「こっち」

「そうだろう。これこそあなたの字だよ」

と絶賛し、周りにいる先生や子どもたちにも、おおげさに見せて回るんです。こう持っていくと、高学年以上の子でも、「先生、もういいって」とか言いながら、まんざらでもない表情をしていますね。この方法は、ご家庭でもすぐできます。ていねいな字を書かせたうえで、家族全員で〈これでもか!〉というぐらいほめまくるんです。壁や冷蔵庫に貼《は》ってあげるのも効果的です。

もうおわかりですね。**字は、持っていき方次第で、ていねいにも乱雑にもなります。本人も満足するぐらいの字を書かせ、それを命がけでほめる。こうしていけば、間違いなくていねいに書くようになります。**

また、お母さんがほめ育ての達人になってくると、〈鏡の原理〉で、行ったことがそのままわが身にはね返り、やがてわが子が、お母さんの素敵なところを見つけては、ほめてくれるようになります。いい気分ですよ。それに美容と健康にもバッチリ(笑)。カッカしていてはシワが増えるだけですからね。そして、どうしてもいうことを聞かないときに大切なのが……、そうです。

〝顔で笑って、心は鬼〟

ぜひこれを、お母さんの合い言葉にしてください。

第五章

子どもたちに夢を！

夢は子どもだけの特権ではありません。

われわれ大人も、夢を持って生きることで人生が充実してきます。

夢を実現させようと必死になるとき、

それが「人生の原動力」となるのです。

夢を追う挑戦者たち

視聴者に、それも中高年に限らずすべての世代で圧倒的支持を得て、何度も再放送されているシリーズ番組に『プロジェクトX――挑戦者たち』（NHK）がありま す。この番組は、一つの目標を実現するために多くの人たちがそれぞれの能力・可能性の限界に挑み、度重なる多くの困難を乗り越えて、ついに目的を達成する姿を描いたドキュメンタリーです。どの話も感動するのですが、私がとくに好きな内容の一つに、「窓際族が世界規格を作った」というVHS誕生物語があります。

一九七〇年の晩秋。日本ビクターのVTR事業部は大きな赤字を抱えて、いつ取りつぶしにあっても不思議ではない、リストラ寸前の状態でした。職場に活気はなく、社内では「VTR事業部はボロ事業部。部長になれば一年で首がとぶ」とも噂《うわさ》されていたほどです。そんな苦境時に事業部長になった高野鎭雄《たかのしずお》さん（以下高野さん）は、かねてから家庭用VTRの決定版をつくりたい、という夢を持っていました。

当時、ＶＴＲの開発というのは、一五〇種類もの方式が考案されていながら、一機種（アンペックス社）を除いては発売数年後に消えていく……、というほど混沌《こんとん》としておりました。ですから、本当に家庭用ＶＴＲをつくりたいのであれば、〈だれも文句がつけられないような決定版〉を開発するしかなかったのです。しかも、状況はさらに悪化します。日本ビクター全体が深刻な経営危機に陥ったのです。そんななか、過去に一度も利益を出したことがないばかりか、短期的に見ても利益が出る見通しがないＶＴＲ事業部には、本社より「開発部門は廃止。今後は新規の開発はいっさい行わず、既存の業務用ＶＴＲの改良と販売だけを行えばよい」との経営決定が下されたのです。

しかし高野さんは、夢をあきらめませんでした。自らの信念から、少数の部下とともに、家庭用ＶＴＲの開発に乗りだしたのです。これは「業務用ＶＴＲの販売に特化せよ」という会社の方針とは相《あい》反するもので、もし本社が知れば処分は免れない計画でした。また当時、ＶＴＲ開発で最先端をいくといわれた、技術力のあるソニーも強力なライバルとして存在しました。

家庭用ＶＴＲの開発には、高い専門技術に加え、多額の資金と三～四年の年月がかかります。高野さんは悩みました。

「開発できるまで事業部が持つだろうか。大手電機メーカーでさえVTRの自社開発を躊躇《ちゅうちょ》しているときに、家庭用VTRの夢を追求するのは日本ビクターにとってよくないことではないのか。**夢を追い求めて、自分一人が退職に追い込まれるのは仕方ない。しかし、そうすることでVTR事業部の社員を道連れにする可能性がある」**

悩みぬいた末での、まさに背水の陣での夢への挑戦でした。

VTR事業部への本社からの風当たりは、日増しに強まります。そしてある日、とうとう技術者の三割削減を迫られたのです。要求をはねのける高野さんに、社長からは「VTR事業部が置かれている立場への理解がたりない」とのきつい言葉があびせられました。

「赤字続きで返す言葉がない。でも、本社に背くばかりでは、給料を止められる恐れがある」

悩む高野さんに、工場の経理課長は水増しした販売予測や架空の事業計画を作っては、本社の追及を逃れる手立てを提供してくれました。それでも、やまない人員削減要求に、とうとう高野さんは技術者である部下たちに「自分たちの給料は、現在ある業務用VTRを売って稼いでくれ」と営業の仕事を頼んだのです。高野さんにとっても部下にとってもつらい決断でした。**にもかかわらず、技術開発一筋で打**

ち込んできた部下たちは「やりましょう」と立ち上がったのです。「本社をあざむくことになってもけっしてリストラはしない。ＶＴＲ事業を維持する」という高野さんの心意気に燃えたのです。

部下はもちろんのこと、取引先の中小の部品メーカーに対してもリストラはしない。どこまでも、人を大切にする高野さんの人間愛と、あくなき夢へのこだわりは、部品メーカーの人たちの心をも動かしました。高野さんは、部品メーカーの人たちと酒を酌み交わしながら家庭用ＶＴＲの夢を語り、同時に「お前んとこの協力がなければ、オレんとこはやっていけねぇ」と訴えたのです。部品メーカーの社長のなかには、高野さんの意気に感じて他の大手家電メーカーの誘いを断り、従業員五〇人の命運とともに、とてつもなく大きな〈ＶＨＳへの夢〉に賭《か》けてくれる人も現れました。

一進一退しながらも製品開発の目処《めど》が立ったころ、再び大きなショックがＶＴＲ事業部を襲います。ライバルのソニーが、いち早く家庭用ＶＴＲ機〈ベータ〉を完成させたのです。一時間録画ではあったものの、〈ベータ〉の技術力の高さは、世間を驚かせました。だれもがソニーの独占市場になると思いました。しかし、高野さん率いる開発部隊はあきらめません。〈ベータ〉の販売が始まって三ヵ月後、彼らは家庭用VTR機〈VHS〉を完成させたのです。それは、ソニーの〈ベータ〉と比べると、重さ、録画時間（二時間録画）などで上回る装置だったのです。

多くの人たちが一つの目的に向かって能力を結集するとき、人間は思いもかけない力を発揮するんだなぁとつくづく思います。

さて、ここからがまたまた感動のドラマなんです。

「これこそ、家庭用VTRの決定版だ。だとするならば、日本ビクターのものとしておくだけではなく、世界中に広めなければならない」

高野さんはそう考えました。そしてなんと、〈四年の歳月をかけた試作機を、無条件で他社に貸し出す〉という行動に出たのです。また、望む企業には生産ラインまで公開したのです。VTRに詳しい技術者が見れば、高野さんたちの長年の苦労を数週間で縮めてくるほどの秘密開示です。

驚く部下たちに、「大切なのは、VHSの規格を世に広めること。ビクター一社にその力はない。目先の利益は捨てるべきだ」と説きました。高野さんには、日本ビクターという一つの会社の枠を越えて、〝みんなでやっていくんだ〟という運命共同体的な発想があったんですね。この高野さんの行動は、他社の人たちの心をも揺り動かしました。やがて、〈VHS〉には、VHS陣営に参加した各社の技術が総動員され、新しい機能が次々と追加されていったのです。テープを前から装塡《そうてん》する〈フロント・ローディング〉の技術はシャープ。映像の〈早送り再生〉は三菱電機。日立は小型化を進める〈ICH技術〉、松下電器は〈オーディオHiFi《ハイファイ》〉の技術を。その他にも、〈VHS〉の内部には数多くのメーカーの技術が結集されたのです。技術を公開し、ともに規格を育てようという高野さんの姿勢は海外でも変わることはありませんでした。発売から七年後、ついに〈VHS〉は〈ベータ〉を大逆転して、世界標準規格になったのです。

かつて、窓際と陰口をたたかれたVTR事業部。のちに〝ミスターVHS〟と呼ばれた高野さんは、二七〇人の従業員全員を守り抜き、そのうえで世界規格を誕生させたのです。

〝人は夢に駆り立てられるとき、とんでもない力を発揮する〟

VHS開発中のエピソードは、人間の素晴らしさ、可能性の大きさを教えてくれます。夢をけっしてあきらめないで追い求めることの美しさを教えてくれます。また、開発後のエピソードでは、企業が〈自分の会社〉という枠を超えて、皆の叡知《えいち》を結集したら、どれほどすごいことが起きるかを実感させてくれました。

番組を見ながら私は思いました。この考え方はすべてに通じると。**企業も政治も官僚も、目先の利益や既得権益にとらわれず、大きな夢に向かって力を合わせ、絶えざる努力を重ねれば、素晴らしい世のなかを築けるに違いないと……。**

目標や夢がなければ、易《やす》きに流れるのが人間です。しかし、高い志や夢を持って努力すれば、その夢を実現できる可能性を秘めているのも人間。それだけに、個人個人が自らの可能性を最大限に生かすことのできる生き方、誇りを持てる仕事の仕方を模索すべきではないか、そんなふうに思うのです。

その後、副社長になった高野さんは、一九九〇年六月に退任しますが、その送別会で〈VHS〉と関わった濃密な二〇年を思い起こしつつ、こうおっしゃったそうです。

「夢中でしたね。夢中ってのはたいへん素晴らしいことだと思う。ぜひ皆さんも、何でもいいから夢中になってください」

人は、〝志〟に向かって夢中になるような生き方をしたとき、のちに「自分の人生は幸せだった」とふり返ることができるのではないか……。私は、VHS誕生物語を見ながら強くそう思ったのです。

幸せで充実した人生とは？

二〇世紀末から急激に、凶悪で身の毛もよだつような少年犯罪が増えてきました。それに対して社会は敏感になってきていますが、そもそも子どもの問題とかたづけられるものでしょうか。子ども社会は大人社会の〈映し鏡〉です。国家のことを考えているとは、とても思えない政治家や官僚の不正事件。企業トップの、恥も外聞も顧《かえり》みないような事件。大人社会こそおかしいのです。あこがれの対象になってもいいはずの人たちが、うそで塗り固めるような生き方をしていては、本来、子どもにあるはずの正義感も失《う》せてしまいますよね。企業のほうはといえば、多くのところが本業を忘れ、ひたすら営利追求に走りました。もともとあったはずの企業理念などどこ吹く風。それでももうかったためか、ますます感覚が麻痺《まひ》し、エスカレートしていったのです。

それがバブル崩壊後に急変。つぶれるはずはないと信じられていた大企業までが、巨額の負債を抱えて倒産。業界のライバル企業どうしが、生き残るために合併。

あちこちの企業では、リストラと称した早期退職制度の導入。年功序列は崩れ、実力制度へ移行。とにかく、いままでの常識が根底から覆《くつがえ》され、日本全体があたふたしているわけです。

なぜ、こんなふうになったのでしょうか。

人生の目的、企業の存在意義などを考えないまま、個人も企業も、目先のお金もうけに走ったツケが回ってきたとはいえないでしょうか。**もうけるためなら何をしてもいい……、こういう発想で行動していくなかで、個人も企業も「何のために働くのか」とか、「この仕事を通じて社会にどう貢献していくのか」などを、だんだん考えなくなったんだと思うんです。**

バブルが崩壊するまでは成長社会。おじいちゃんの世代よりお父さん世代、お父さんの世代よりも子どもの世代が必ず物質的に繁栄してきました。三代続くと神話はできるのですが、成長社会のなかで株高神話・土地高神話が大企業不倒神話・完全雇用神話を生み、それが学歴神話を生み出しました。大卒と高卒では初任給から出世に至るまですべて違ってくるとなれば、世の親が血眼《ちまなこ》になってわが子をいい学校に入れようとしたとしても不思議はありません。

また、選ぶ学部も、何をしたいかではなく、より偏差値の高いところを皆が目指した時代でした。産婦人科医の姉によると、（オーバーに表現したのだと思いますが）国立大学での解剖実験で、男子学生の多くが解剖中に血を見て卒倒するとか。

男子学生「オレ、血を見るのが苦手やねん」

姉「医学部なんやから、血を見ることぐらい当たり前やないの。なんで受験したん？」

男子学生「偏差値がいちばん高いから、親に受験しろって言われて……」

姉「…………」

大学時代、よく、こんな珍問答になったそうです。おかしいですよね。昔、大学の数自体が少なかったときは、こんな人はまずいませんでした。大学で何を学ぶか、将来どのような道を志すかを、明確に持って進学したと思うんです。それが大学の数が増え進学する生徒が増えていくなかで、純粋に学問を追究しようとするのではなく、大学を出ておいたほうが就職に有利とか、就職する前の猶予期間といった考え方が主流になってきたのではないでしょうか。いきおい、自分の適性や何がしたいのかなどは考えず、ただ親や本人の見栄、あるいは偏差値に照らし合わせて、受験する大学や学部を選ぶようになってきたのだと思うんです。

人はだれでも、人生において成功したいと思っています。親であれば、わが子にだけは、いい人生を送ってもらいたい、そういう願いを強く持っています。「いい学校に入学したら、いい会社に就職できる。いい会社に就職できれば、一生安泰だし、いい結婚相手にも恵まれる。少なくとも学歴を手に入れれば、ある一定レベルの成功が保証される。わが子にも……」

時代背景を考えれば、こういう思考回路になった親御さんの気持ちも、痛いほどわかります。しかし、世の親御さんたちのほとんどが、こう考えてしまったために、いい学校、いい会社へ行くこと自体がますます目的化し、それが人生の成功への切符のように、錯覚してしまったといえるのではないでしょうか。

では、〈人生における成功〉とは、いったい何なんでしょうか。少なくとも、これまで日本人の多くが持っていた成功のイメージとは、社会的に高い地位や名誉を得た人、あるいは財産をつくった人のことでした。確かにいまでも、名経営者といわれる人は、自らを律することのできる立派なかたが多いですから、一概に間違いとはいえないのかもしれません。しかし、それは成功の一つの形だと思うのです。

松下幸之助氏の著書『人生心得帖《じんせいこころえちょう》』（ＰＨＰ研究所）には、次のようなことが記してあります。

私は、成功とは自らに与えられた天分を完全に生かしきり、使命を遂行することだと考えます。したがって、成功の姿は人によって皆異なります。ある人にとっては大臣になってその任を果たすことが成功となり、また、ある人には靴屋さんとして周囲の人に役立ち喜ばれることが成功になります。

もし、社会的な地位や名誉や財産を得ることが唯一の成功だと考えるならば、とにかく何としてでもこれを得なければということで、お互いに非常に無理な努力をし、せっかくの自分の天分、特質を歪め、損なってしまうことも少なくないでしょう。また、そういうものがなかなか得られない場合には、非常に落胆したり劣等感を抱いたりして、生きる張りあいを失ってしまうことにもなりかねません。（中略）

それに対して、自らの天分に生きている人は、たとえ社会的地位や財産があろうとなかろうと、いつも生き生きと、自分の喜びはここにあるのだという自信と誇りを持って、充実した人生を送ることができると思います。そういう人が多ければ、お互いの共同生活にもより豊かな活力が生まれ、力強い発展がもたらされるのではないでしょうか。

（太字の強調は筆者による）

「自分は、何のためにこの仕事をしているのか」
「どういう仕事でもって社会貢献したいのか」
「自らの天分・使命に沿う職業とは何なのか」

こういうことを、大人、子ども関係なく、自問自答していくことが、幸せで充実した人生を送るために、どうあろうと必要だと思うのです。〈イヤイヤ〉〈仕方なく〉やっている仕事では、ストレスがたまるばかり。個人のためにも、社会のためにもよくありませんからね。

社会的地位を追うのと違い、天分・使命に生きるという考え方は全員に可能です。

自らの天分にあった仕事で大きな夢を持ち、それに向けて徹底して努力する。自分の夢の実現が、そのまま社会への貢献にもつながるとすれば、これほど幸せで充実した人生はない、といえるのではないでしょうか。

地味な努力の積み重ねこそが、偉大な夢を実現する

天分に生きる、つまりは天から分け与えられた性質・才能を生かして仕事をするというのは、いまの言葉でいうと〈天職〉に就《つ》くということでしょうか。

ところで、若者たちは、うわべだけで〈夢〉や〈天職〉というのをとらえる傾向があるように思うんです。つまり、外側から見た華やかさで勝手にその職業に片思いし、実際に入社してみて人間関係その他でいやなことがあったり、思った仕事と違うことをさせられたりすると、すぐ「これは天職じゃなかった」と思い、やめるわけです。昔なら、〈石の上にも三年〉とがんばっているうち、その仕事のおもしろみを感じられるようになった、という人もたくさんいたと思うんです。ところがいまは、次に何の仕事に就くのかを考えることもせず、「フリーターになる」と言って、かんたんに離職してしまいます。

私は、この傾向が、いまの若者の価値観と密接につながっているように思うんです。第一章でも述べましたが、**就職活動をしていても、すぐにあきらめる。粘りが**

ない。それと、若者の好きなことわざが〈棚からぼた餅《もち》〉というように、努力することを忌《い》み嫌う。これでは、どんなに才能があっても、天職には一生出会うことができないでしょう。そして、それを〈棚ぼた型〉の人たちは、社会が悪いとか政治が悪いとか言って、他に責任を転嫁《てんか》にして逃げているように思えるんです。自らの夢を実現するために、あるいは天職と出会うために、徹底した努力はしないのです。

私は、その仕事に就いたのち、「天職に出会えた」という感覚を持てるか否かは、どれほどその仕事に真剣勝負で臨んできたかによると思うんです。もちろん、自分の性格や得意分野からこういう仕事に向いていそうだ、とか、持病その他を考えて、こういう仕事は向いてないな、というような、いわゆる仕事をする以前に考える〈向き、不向き〉の直感はあるでしょう。しかし、仕事の仕方としては、うまくいかないことに対して真剣に悩み、どこかに突破口はないかと必死で勉強しチャレンジする、という地味な努力を積み重ねることこそ大切だと思うんです。**そういう努力の結果として、幾多の苦難を乗り越え、〝感動の瞬間〟をたくさん味わったなら、その仕事は、間違いなく天職になり得るのではないでしょうか。**

夢は地味な努力の積み重ねによって実現される。これを一人でも多くの子どもたちに体感してもらいたいと思うんです。「自分は将来こうなりたい」と、いまの子どもたちが思っても、〈棚ぼた型〉の価値観しかなければ、その夢は永遠に夢のままで終わってしまいますからね。

一般的に世のお母さんというのは、わが子の〈努力過程〉よりも、目先の学校の点数という〈結果〉にやきもきします。ですから、計算が速く正確にできるようになっても、それを喜ぶのはつかの間、すぐに他のできないところを見つけては悩む。お母さんがたは欲張りです（笑）から、計算ができたら文章題、それができたら図形問題……、といつまでたっても悩みはつきません。そして、「もっと短期間で、自分もラクで、学校の成績が上がるええ方法はないかいな」と思われるようです。**そうやって、一足飛びに力をつけようと、お母さんがたが〈魔法の絨毯《じゅうたん》〉を探し求めるうちに、子どもも〈地味な努力〉より〈魔法の絨毯〉を求めるようになるんじゃないでしょうか。**ろくに働きもせず、一攫千金《いっかくせんきん》ばかり狙《ねら》って、人生うまくいってない人がたくさんいますよね。それは、子ども時代からの〈魔法の絨毯〉型発想が体に染みついた結果のように思うんです。**反対に、それがスポーツであっても、ピアノであっても、勉強であっても、子どものころから、毎日の努力の積み重ねで高い**

レベルに到達した経験がある人は、〈魔法の絨毯〉的発想にけっしてなりません。力をつけていくのに、〈魔法の絨毯〉などないことを、そういう人たちは知っているのです。世のなかのどんな偉大なことも、地味な一歩一歩の積み重ね、たゆまぬ努力の継続からしか成し遂げられない、これが不変の真理だと思うんです。山登りで頂上を極める場合も、一歩一歩の積み重ねでしか登れないのと同じです。

さて、私が公文式で指導していて好きなのは、この〝地味な努力の積み重ねで大きな目標に到達する〟ということを、いまがどんな学力の子でも体感していけるところです。**つまり、自分にとって〈ちょっとがんばればできる目標〉を打ちたて、地道に努力していけば必ず達成できる、ということを学習を通じて学んでいるわけです。これはまさに、「夢や目標は自分の努力で勝ち得るものだ」という確信を、一つひとつ積み重ねていっているに等しいのです。**

「地味な努力の積み重ねこそが、偉大な夢を実現する」

こういう発想をわが子が持てるようになれば、将来が楽しみといえるのではないでしょうか。

不屈の精神で立ち上がった男、カーネル・サンダース

カーネル・サンダース、子どもたちでも、皆、知っているあの〈白いひげのおじさん〉はケンタッキーフライドチキンの創業者です。彼は何度もの挫折《ざせつ》にぶつかりながら、その逆境をことごとくバネにし、なんと六五歳から世界的企業を起こした伝説の人なのです。**彼の生きざまを知れば知るほど、人生において苦境のときに〈道〉を開くのは、要領でも単なる知識でもなく、ネバー・ギブアップ精神、成功するまでやり抜く執念に近いもの、ありとあらゆるものから学ぼうとする学習姿勢、であることがよくわかるんです。**

カーネルが三〇歳のころ、初めて起こした事業は、ガソリンスタンド経営でした。〈人に喜んでもらっているか〉〈人様の役に立っているか〉こそが成功の基準だったカーネルは、アメリカ合衆国・ケンタッキー州で初めて自動車の窓ふきサービスを始めたのです。車が入ってくると、いきなり窓をふき、ラジエターの水をチェックし、それからおもむろに「ガソリンは必要ですか」と聞いたそうです。こういう徹

底したサービスは、当時のガソリンスタンドではあり得ないことだったんです。当然、お客さんの人気も抜群。カーネルのガソリンスタンドはどんどん発展していきます。ところが、突然ふりかかってきた一九二九年の大恐慌。やがて世界全体を巻き込むこの大恐慌では、四人に一人が職を失い、閉鎖された銀行数は一万。農家の人は借金返済ができないために農場を手放し、ビジネスマンは大量解雇され、破産者が激増したという悲惨な状況でした。当然、カーネルのガソリンスタンドも無事ですむはずがありません。結果、四〇歳を前に彼は財産を失うことになったのです。

しかし、彼は挫折に悲観する暇もなく、翌年、新たにガソリンスタンド経営を始めます。ここからがおもしろいんです。カーネルは、旅行者のほとんどがおなかをすかしてスタンドに来るのに気づき、「車にはガソリンが必要なように、お客さんにはおいしい食事が必要だ」と言って、**隅にあった物置に家のテーブルを置き、食事を提供しはじめます。場所は物置でも、カーネルは〝人の喜ぶことを真心こめてする〟という精神が根づいていましたから、たちまち旅行者の間で大人気。そして、これがのちに大繁盛する〈サンダース・カフェ〉につながるんですね。**

ところが、一〇年近い歳月をかけてつくりあげてきた〈サンダース・カフェ〉が、火事で一夜のうちに灰になってしまうんです。そのときすでに五〇歳。ふつうの人なら、これでやけになるところでしょうが、カーネルはあきらめません。彼の料理のファンにも支えられ、同じ場所に再び店を開いたのです。常にお客さんを喜ばせたいと、料理にもサービスにも研究を怠らなかった彼のレストランは、めちゃくちゃ有名になり、「サンダース・カフェに寄らずに旅は終わらない」と旅行者に言わしめたのです。でも、カーネルの人生は、これでハッピーエンドになりません。「人《にん》間《げん》万《ばん》事《じ》塞《さい》翁《おう》が馬《うま》（人生において、禍《か》福《ふく》は定まりがたいことのたとえ）」とは、まさにカーネルのために作られたことわざじゃなかろうかと思うほどです。

　第二次世界大戦が終わって間もない一九五〇年代。国じゅうにハイウェイを張り巡らす計画が進められました。それにより、旅行者は旅の途中で〈サンダース・カフェ〉に寄ることができなくなったんです。このため、かわいそうにも彼はまた、サンダース・カフェを手放さなくてはならなくなりました。すでに六〇歳を過ぎていました。しかも、火事のときと違って保険もおりません。**しかし、〝どんな状況に置かれようと、自分からあきらめることはしない〟という不屈の精神を持っていたカーネルは、生涯現役を胸に誓い、必死に自分に何ができるのかを模索します。**

「フライドチキンだ！」

　自分に唯一残された財産こそ、自分が考えだした秘伝の調理法にあることに気づいた彼は、フライドチキンをビジネスにしようと考えました。彼は見込みのありそうなレストランを見つけては、オーナーと交渉を持とうとしますが、なかなかうまくいきません。それもそうですよね。フライドチキンを持ったおじいさんが、突然「このチキンをメニューに載せませんか」と訪ねてきても、「うさん臭いじいさんやなぁ」と思って、だれも相手にしてくれなかったに違いありません。**しかし、結果がすぐに出なくても、カーネルはけっしてあきらめませんでした。車のなかで夜を明かし、デモ用のフライドチキンで食いつなぎながら戸別訪問を続けたのです。そして、この粘りが、人生最大の成功へつながることになったのです。**

いかがでしょうか。まさに不屈の精神。九九％の人が不運を嘆く状況でも、カーネルは困難に真っ正面から立ち向かい、だからこそ九〇歳でこの世を去るまで輝き続けたのです。わが子に限らず、人間死ぬまで輝き続けていたいものです。そして、心を老いさせないものこそ、あきらめない精神、粘りといったものなのです。あきらめないためには、書物はもちろんのこと、挫折や失敗を含め、あらゆるものから謙虚に学び続ける姿勢を持たなければいけません。そして、こういう学習姿勢や不屈の精神は、子ども時代に身につけなかった場合、手遅れになることが多いように思うのです。

純粋に感動する子どもたち

私の教室では、年に数回、子どもたちに「夢に向かって突き進め！　そうしていけば、人生って楽しいぞ！」というメッセージを伝えたくて、〈おはなし会〉をしています。そのなかで、もっとも反響があったのが、「カーネル・サンダース物語」だったのです。

カーネル・サンダースのネバー・ギブアップ精神に感動されたかたも多いかと思うのですが、実は、カーネルについて学び、勇気づけられたのは、ほかならぬ私自身でした。私は、自分の受けた感動を一人でも多くの子どもたちに伝えたくて、問いかけをたくさん入れながら話しました。

子どもたちは、ときに笑い、ときに悲壮感ただよう表情で聞き入ってくれました。繁盛していた〈サンダース・カフェ〉が倒産に追い込まれたときなど、「ぼくやったら大統領に文句言いに行く」「やってられへん」「かわいそすぎる」という声が相次ぎ、なかには「オー・マイ・ゴッド！」という感嘆詞まで飛びだしました。素直な感想ですよね。**それでもあきらめなかったカーネルさんに、子どもたちが感動したせいでしょう。その日、お父さん、お母さんたちは、帰宅した子どもたちに、機関銃のようにカーネルさんの話を聞かされたそうです。兄弟のいるところでは左右両方から（笑）。**

そして、話の最後を、私はこんな形で結びました。

「一生懸命、人に喜んでもらおうと働いていると、結局は自分に〝大きな喜び〟がはね返ってくるんだ。カーネルさんにしても、公文さんにしても、大好きな仕事をしていたから、死ぬ間際まで輝き続けることができたし、一生懸命〝人のため〟に仕事ができたんだよ。皆も死ぬまで輝いていたいだろう。公文さんは、〝世のなかの子が、将来、輝き続けられる仕事、天職についてほしい〟と思って、この教材を作ったんだよ。皆が必死にやってる教材には、そんな思いがこめられているんだ。公文をやってたら、つらいときもある。苦しくってやめたくなることもある。でも、毎日少しずつする勉強ぐらいでつらいなんて言ってたら、カーネルさんみたいになれないぞ。フライドチキンをビジネスにしようって考えてからでも、すぐにはうまくいかなかっただろう！　どこのレストランへ行っても門前払いで、すぐには結果が出なかったじゃないか。**でも、カーネルさんは、そんなときでもあきらめなかったから、すごい人になったんだ。だから、少々つらいことがあっても、それを乗り越えてがんばろうな。そして、カーネルさんみたいな、カッコイイおじいちゃんになろうよ。先生もそんなおじいちゃんを目指してがんばるぞ！**」

私の教室では、〈おはなし会〉などのあとに、「タイムカプセルはがき」というのを子どもたちに書かせることがあります。「一ヵ月後の自分へ」というタイトルではがきを書かせ、私が一ヵ月後、一斉に投函するんです。子どもたちのほとんどは、そんなはがきを書いたことすら忘れているので、郵便受けから自分の書いたはがきを受け取った瞬間、そのときの感動と決意がよみがえるんですね。

カーネル・サンダース物語を聞かせたときも、子どもたちに「タイムカプセルはがき」を書かせました。ご覧いただければおわかりのとおり、子どもたちが皆、すごい衝撃を受けています。

私はカーネルさんのはなしをきいてびっくりしました。カーネルさんは、火事でもあきらめずにどりょくをして、九〇さいまでするなんてとてもしんじられない！　すごい！　こんな人になりたい。こんな人になれるようにつらいことがあってもがんばるぞ。がんばればできる。つらいことがあっても勇気を出してがんばろう。　（小二・女）

目標はカーネルさんみたいに天職（ふくのデザイナー）につくことです。一ヵ月後の私　ガンバレ！　（小五・女）

カーネル・サンダースみたいになれ！　カーネル・サンダースになるようにどりょくしろ。おまえならぜったいになれる。一ヵ月後のおれへ　おれより　がんばれ　ファ〜イト〜　（小四・男）

綾乃ちゃん、元気ですか。わたしは、カーネルさんの、ように、なるように、がんばってるから、綾乃ちゃんも、がんばってね。おうえんしてるよ。ファイト！九〇オに、なっても、こし、まがらないようにね。わたし、ぜったいなにが、おきても、あきらめないよ。いきれたら、一〇〇オまで、いきてみる。（小二・女）

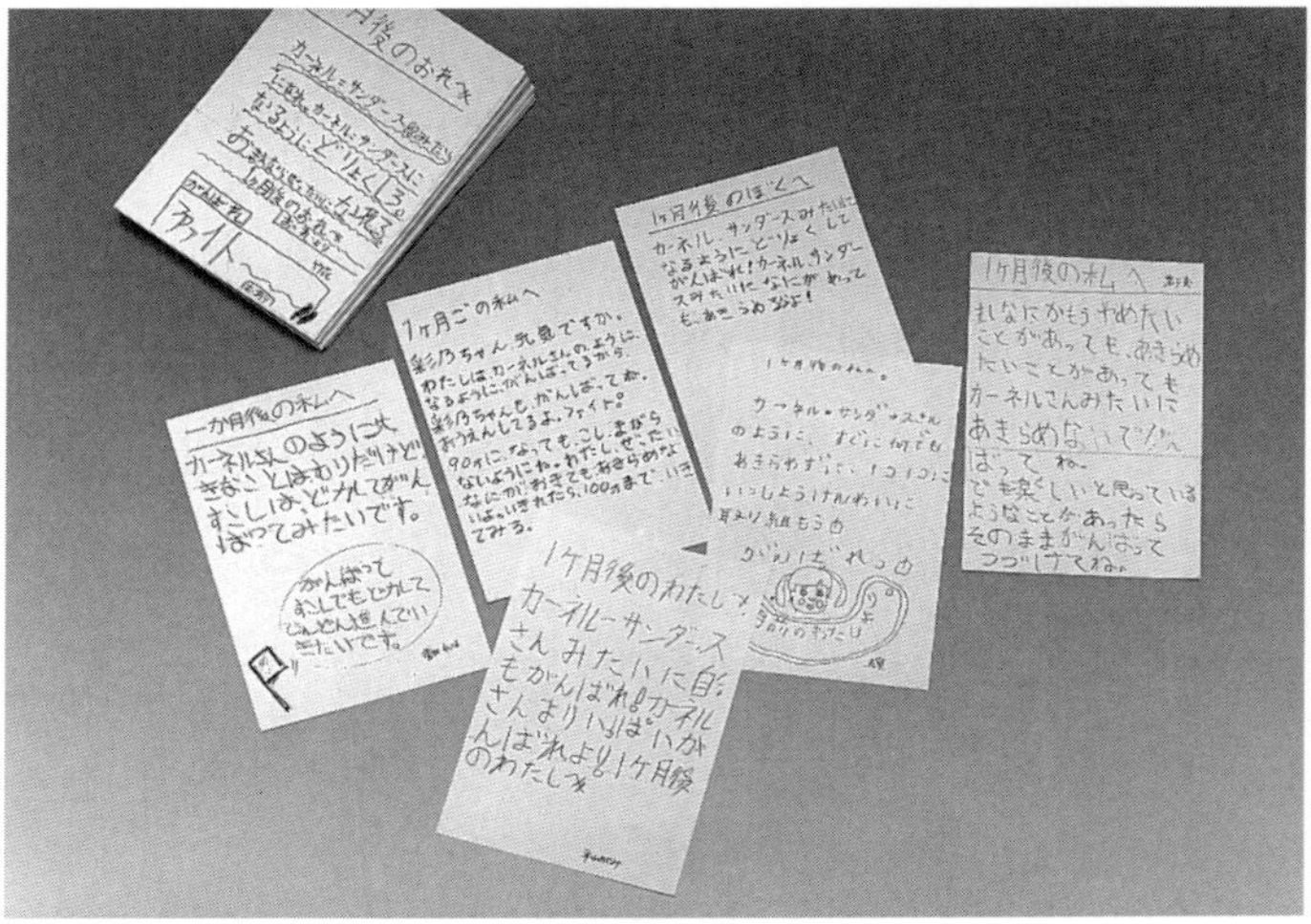

そのほかの子どもたちも皆、「努力」「あきらめない」がキーワードになっています。**子どもたちってこういう話を聞くと、こんなに純粋に「よし。がんばるぞ！」って気持ちになるんですよ。よく、いまの子たちには夢がない……、なんてことを大人が言ってるのを聞きますが、そんなことはありません。われわれ大人が〝夢〟を語り続ければ、子どもは純粋に耳を傾けるのです。**ですから、もっともっと子どもたちに夢を語ろうではありませんか。

夢は目指したときから目標に変わる

やりたい事だらけの高校生活

中三　杉原真砂子（仮名）

「世のため、人のためになるような人間になる」これが私の目標です。そのためには、国際連合かNGO*の職員になりたいのです。私は国境や人種など関係なく活動しているそれらの機関を素晴らしいと思っています。私は他国のことをあまり知りませんが、本当に生活に困っている人々がたくさんいると聞きます。もちろん、日本にもいるでしょう。だからこそ私は、日本も含め、世界中で困っている人々を一人でも手助けしたいのです。私はそうすることで、自分の人生に生きがいを見つけることができると思います。だから、人々の手助けをすることは自分自身のためにもなると考えています。すごく大きな目標です。そのためには、たくさん勉強し、たくさん本を読み、素晴らしい人格者にならなければいけません。本当に今の私には気が遠くなるほどの道程《みちのり》です。でも、私の読んだ本にこう書いてありました。「世の中のどんな偉大なことも地味な一歩一歩の積み重ね、たゆまぬ努力の継続からしか成し遂げられない」と。私はこの言葉を信じています。「世のため、人のため」という目標も、毎日努力することで少しずつそれに近づいていくと思っています。これからも私は、その目標に向けての日々の努力を続けていきたいと思います。

（原文から一部抜粋）

124ページでも登場した杉原真砂子さん（仮名）の二年後の作文です。二年の間に、どれほど彼女が人として成長したかが、如実に現れた作文です。私はこの作文を読んだとき、正直なところ自分が恥ずかしくなりました。一五歳にして〝人生の目的〟をこれほどまでに考えているのですから……。作文だけを見た感覚だと、がり勉で眉間《みけん》にしわでも寄せて人生を考えているような子を想像するかもしれませんが、二年前の作文でおわかりのとおり、素顔の彼女は明るく、おもしろく、スポーツ大好きの少女なんですよ。

⊙
NGO　Non-Governmental Organization
（ノン ガバンメンタル オーガニゼイション）の略。
貧困・飢餓・難民・環境などの地球的規模の問題に、
非政府・非営利の立場から取り組む、市民レベルの国際協力組織のこと。

私の将来の夢

小六　小川香織（仮名）

私の友達が「香織の将来の夢って何」と聞いてきた。照れながらも「スチュワーデス」と答えた。そう、私の将来の夢はスチュワーデス。この夢は、小学六年生になって思った。私は何回か飛行機に乗ったことがある。その中には、外国人も乗っていた。スチュワーデスの人は、ペラペラお話をしていた。私は「いいな、英語が話せて」と思った。私は今、公文で数学以外に英語も学習している。私の将来の夢に一歩でも近づきたくてがんばっている。もっともっと英語を伸ばして、早く私の将来の夢に近づきたい。もし、私がスチュワーデスになったら、少しでも飛行機に乗っている皆さんのお役に立ちたい。私は自分のことよりも人のことをよく気にする。スチュワーデスの皆さんもそうだと思う。スチュワーデスの仕事は大変だと思う。だから私は、飛行機から降りる時は、心から「ありがとう」とスチュワーデスの皆さんに言う。「ありがとう」のその一言でも、喜んでもらえると思うからだ。私も乗客の皆さんに喜んでもらえるようなスチュワーデスになれるよう、これからも公文で日々努力していきたい。

（原文のまま）

いつも最高のスマイルで、出会った人を明るくさせてしまう小川香織さん（仮名）。その彼女の作文に「人のお役に立ちたい」という言葉が出てきたことに、また私は感動したのです。

「こういう子たちがどんどん出てくると、日本のこれからは明るいな」

素直にそう感じた作文でした。

二人の共通点は、〝夢の実現〟に向かって日々努力し、勉強しているところ。また、二人とも「人様のお役に立ちたい」というのが作文に表現されているところです。これこそ、本来の学ぶ姿ではないでしょうか。しかしふつうは、夢は単なる夢で終わるもの。公文の学習で日々努力しながらも、〝やればできる〟〝自分ならできる〟という成功体験を一つひとつ積んでいってるからこそ、〝夢を実現させようと努力している〟のだと思うんです。まさに「夢は目指したときから目標に変わる」ですね。真砂子さん、香織さんのように、わが子を〝夢〟に向かって学べる子に育てようではありませんか。

さて、数年前のことですが、教室で学習していた高二の岡本くん（仮名）が、私に「先生、ちょっと話があるねん」と言ってきました。彼は、中学生になってから私の教室で学習を始めた生徒で、そのころの成績は真ん中ぐらい。特別、学校でも良い成績を取っていたわけではありませんでした。それが、公文で数学、英語を学んでいくうちに、とくに数学が大好きになり、高校生になってからは学年で一位、二位を争うようになったのです。また、全国模試でもかなり上位の成績をよく取るようになっていました。そんなある日のこと。彼と私はこんなやり取りになりました。

――どうしたんだ？

岡本くん「このお盆休み、いろいろと本を読んでたんっすよ。先生、知ってますか。いまは、何となく大学へ行ったたって、結局どこにも就職できないですよ」

――そうか。そんな勉強をしてきたんか。

岡本くん「ぼくはね、数学も好きやけど、将来はアニメの道に進みたいんです。先生、こう見えてぼくって結構才能あるんっすよ（笑）」

――そうか。そんな才能を持ってたとは、知らんかったなぁ。

岡本くん 「だから、それを目指す専門学校に行こうと思うんです。先生、いまに見といてくださいよ。一〇年後には、ぼくのアニメが映画化されてますよ。

――ま、これはぼくの実現したい夢なんですけどね」

そりゃぁ、楽しみやなぁ。絶対見に行くよ。

岡本くん 「というわけで……、自分の行きたい方向性も決まったんで、今月で公文やめようと思ってるんすよぉ」

――な、なんや。そんなオチがあったんか（笑）。でも、わかった。夢に向かって突き進め。それにしても、偉いな。自分の人生について考えさせるような本を読みあさっていたんやな。

岡本くん 「えぇ（笑）。先生、ほかにえぇ本あったら紹介してくれませんか？」

生徒が高校卒業後の進路を、自らいろいろな本を読んで勉強したうえで決める。しかも、決断したことは、自分のやりたかった夢に向かって次の一歩を踏み出すこと。**まさに〈自分の人生、いかに生くべきか〉を考えたうえで決断したわけです。**

このとき私は、公文さんが生前、〈人生いかに生くべきか〉を考える子どもに育てたいと思っていた話などをして、彼と人生について語り合いました。

もしも、彼の学力がほとんどなく、現実逃避から夢と称してアニメのことを言っていたのであれば、私は彼に説教したかもしれません。しかし、彼は学力もあり、行こうと思えばどこにでも進める力を持って、そのうえで自分の人生について考え、〈行きたい道〉を決めたのです。私はうれしくてたまりませんでした。

彼は、確かに数学や英語の学力を身につけておりました。しかし、ただ学力という知識を身につけただけでなく、知識を獲得する手段を、公文式の学習をとおして学んだといえるのではないでしょうか。だからこそ、自分の進みたい方向性が決まったら、それに向かってまい進しようとしたのです。

魚の釣り方を学ばせ、自立に導く

「自分は家庭の事情で有名な私立の学校には行けなかったので、子どもにだけはそういう学校に通わせてあげたい」

「自分がいい服を着られなかったので、わが子にはかわいい服を着せてやりたい」

などなど、わが子への愛情あふれるがゆえでしょうが、日本が裕福になるにつれ、こういうお母さんを見かけることが多くなってきました。

もちろん、かわいらしい服を着せることや、有名な学校へ行かせることが悪いというわけではけっしてありません。ただ、こういうお母さんの半数以上が、有名な学校へ行かせることそのものが、子育ての目的になってしまっているように感じるんです。子どものほうはといえば、もちろんみんなではありませんが、お母さんをあごで使って、指示、命令していたりする。こういう姿を見ていると、「お母さん、あなたにとって、〈子育ての目的〉って何ですか」と聞いてみたくなるんですね。

「わがまま犬の話」というのを何かで聞いたことがあります。飼い主がきちんと犬をしつけることをしないで、犬の望むことをすべてしてあげた場合、〈わがまま犬〉になるというのです。たとえば、「犬にも人権ならぬ犬権がある（笑）」とか言って、犬が右に行きたいと鎖をひっぱれば、その方向に進む。左に行きたいとひっぱれば、その方向についていく。そういうことをくり返しているうちに、やがて犬は「自分こそがご主人様だ」と思うようになってくるわけです。そして〈わがまま犬〉は、家族のなかでの秩序やルールがわからなくなり、自分の思いどおりにならないことに対しては、要求がとおるまで吠えつづけたり、場合によっては、飼い主にかみついたりするようになるのです。

これは、子育てにも当てはまりますね。子どものためによかれと思ってしていることが、結果として逆効果になることがいくらでもあるのです。だからこそ、〝してあげたいことを我慢する勇気〟が大切なのです。

そもそも、子育ての目的とはなんでしょうか。自立して、前述の作文の中学生、アニメの道を志した高校生のように、自分の進みたい方向に自分の力でまい進しようとする子どもに育てることではないでしょうか。

公文式の第一号学習者である公文毅《くもんたけし》さんは、次のようなことをいつも言っておられました。

「子育ての目的は、古今東西を問わず、本来子どもを自立させるということにあったはずです。貧しい時代には、できるだけ早く子どもを社会に出すために、ということで、家庭も学校も社会も子どもを自立させるということに対して、そういう目で子どもたちを見ていた。それがいまでは、子育ての仕組みのなかで〝子どもを自立させていこう〟という機能が、家庭にもなくなってきているのです。結果的に、いまや、日本の子どもたちは、自立の大切さを忘れた親に甘やかされて、世界でいちばんのお姫様、王子様になろうとしているといえるのではないでしょうか。

それに歯止めをかけるためにも、まずは子育てにおいて自立を考えることです。そうするためには、何より〈学習における自立〉をさせることです。〈学習における自立〉が果たされれば、〈精神的な自立〉も難しいことではありません」

かわいいわが子のためになら、「あれもしてやりたい。これもしてやりたい」とすべてをしてあげる。経済的にもそれができる。自立を忘れた日本の子育ての現状は、国が豊かになったことと密接な関係があるのかもしれません。**とはいえ、それが強すぎるあまり、子育てというより、ペットを扱うような育て方をしている母親が、世のなか全体に増えてきているように思うんです。**

一般のご家庭で犬や猫を飼うときに、「自立させるぞ」なんて意気込んでいる人は、あまり聞いたことがありませんよね。ペットの場合は甘えてくるからかわいいといえるのかもしれません。**しかし、「猫かわいがり」なんて言葉にあるような子育てをしてしまっている人が増えてきているとしたら大問題です。子どもは自立できないばかりか、わがままはますますエスカレート、こらえ性はなくなり、思いどおりにならないとすぐかんしゃくを起こす人格に育てていることになると思うんです。**

では、公文毅さんのいう、子どもの精神的な自立をうながすために必要な、〈学習における自立〉とはどんな意味でしょうか。「勉強とは知識を習得させること」と思っておられるお母さんが、ほとんどだと思います。**ですから、わが子が低学年の場合はとくにですが、とにかく必死になって知識を詰め込もうとされるのです。もちろん、知識の習得はひじょうに大切です。でも、教育においてもっとも重要なのは、知識の習得とともに、〈知識を獲得する手段を学ぶこと〉ではないでしょうか。**

たとえば、子どもと魚を釣りにいったとき、魚を釣って与えることを目的にするのではなく、魚の釣り方そのものを教えていくことのほうが、独り立ちということを考えた場合、大切ですよね。それに対していまの子どもたちの多くは、勉強に限らず、遊んだらかたづけるとか、靴をきちんとそろえる、あるいは忘れ物がないかどうかのチェックに至るまで、何もかもお膳立てされすぎではないかと思うんです。**これでは、魚を与えてもらっているだけで、魚の釣り方がわかりませんから、結局、お母さんが親切だと思ってやっていることが、子どもの自立を妨げていることになるのです。**

常に〈自立〉を念頭に置いた子育てをする。そのために、まずは〈学習における自立〉を考える。そうした子育てをしていくことが、社会に役立つ人材に育てていくことにつながるのではないでしょうか。

夢は人生の原動力

いまの子どもたちには夢がない……、ということをよく聞きますが、これまで述べたように、夢を持っている子どもたちもたくさんいるんです。夢のない子どもたちというのは、何のことはない、その子の周囲にいる大人自身が夢を語ってないともいえるんじゃないでしょうか。あるいは、その大人自身が〝夢〟を持って生きてないか……。

夢は、大人にとってもひじょうに重要です。夢に向かって生きていれば、明るく前向きで充実した人生を送ることができると思うのです。アサヒビール名誉会長・樋口廣太郎氏の著書で、私の好きな本の一つ『だいじょうぶ！　必ず流れは変わる』（講談社）には、次のようなくだりがあります。

夢のない人生ほどあじけないものはありません。夢とは、いわば人生の原動力のようなものです。逆境にもめげず、いつでもしっかり前を向いて進んでいくためには、目標がなければいけません。目指す目標がはっきりしていなければ、その場に呆然と立ち尽くすしかない。その日その日を刹那的に楽しむことはできるでしょうが、それでは真の充実感を得ることはできません。充実感のない人生は、やはり退屈なものです。**また、たとえ自分なりの夢を持っていても、はじめから「かなうわけがない」と諦めていたのでは、夢などないのと同じこと。「いつか必ず実現してみせる」という意欲を持ったとき、初めて夢は人生の原動力となり得るのです。**

そして、夢は他人から与えられるものではありません。

おそらく「こんな世の中では、夢なんか持てるわけがない」と言っている人は、誰かが自分にふさわしい夢をプレゼントしてくれるものと勘違いしているのだと思います。だから夢を持てないことを世の中のせいにして、退屈な日常に文句ばかり言っている。そうやって他人に依存する姿勢が自分自身をダメにしていることに、まったく気づいていないのです。

夢が持てないとしたら、それは自分以外の誰のせいでもありません。夢とはあくまでも自分で作り出すものなのです。（中略）

それぞれが自分の夢を持ち、それを語り合いながら、お互いの夢を実現するために切磋琢磨していく。そういう意識が世の中に浸透したとき、この国は大輪の夢が咲き誇るすばらしい社会になるのだと思います。

（太字の強調は筆者による）

未来は、いまの子どもたちがつくっていきます。その子どもたちが〈夢〉と〈希望〉に満ちあふれた未来を思い描くためには、ほかならぬ私たち大人自身が夢に向かってまい進している姿を見せなければ、説得力を持ちません。

夢は、子どもたちだけの特権ではけっしてありません。仕事をしている人だけの特権でもありません。だれでもその気になれば、いろんな夢を持つことができます。そして、大人自身が自らの夢に向かって努力しはじめたとき、子どもにも無言のうちに通ずるものがあるんじゃないでしょうか。夢を実現しようと思えば、カーネルさんほどの試練とまでいかなくても、さまざまな障壁が立ちはだかることでしょう。何の苦難もなく、夢を実現することなどふつうはあり得ないでしょうからね。**でも、その障壁を何としてでも突破して〝夢〟を実現するぞ！　とチャレンジしているときが、人生のなかで、もっとも輝いている瞬間ではないでしょうか。**そして、夢をあきらめずに突破しようと努力する人は、一生学び続ける人と同義語だと思うんです。常に新しいことを学び、常に新たなチャレンジをする。だからこそ、夢をずっと追い求めている人は、いつまで経っても老いないのだと思うんです。自らも夢に向かって努力している父親、母親が子どもに向かって夢を語れば、どれほどわが子に影響をおよぼすことでしょうか。

責任を持って子育てするのは、たいへんなことです。何といっても、二〇年にわたる大事業ですからね。仕事ではふつう、こんな長期にわたる大プロジェクトはなかなかありません。しかし、人でも花でも、〈育てる〉というのは、最高の喜びを味わえるものだと思うのです。

といいますのは、教育とは、教え込むことではなく「共育」といえるからです。つまりは、子育てをとおして親や周囲にいる大人も、ともに育っていくわけです。子どもを育てながら自分自身も成長できる、こんな素晴らしいことがほかにあるでしょうか！

子どもの可能性は無限です。いえ、子どもだけじゃありません。人間の可能性は無限なんです。ですから、大切なのはまず、わが子のみならず自分自身も含めてですが、〈人間の可能性〉というものを信じることです。〝きっとよくなる。よくなりつつある〟、そう期待し、そうなれるよう努力し続ける。〈育児〉に対しても〈育自〉に対しても、そんな生き方を目指していけば、子育ても人生も楽しくなっていくこと請け合いです。

私の好きな言葉に、

「一隅《ぐう》を照らす——一燈照隅《いっとうしょうぐう》、万燈照国《ばんとうしょうこく》」

というのがあります。

大言壮語《たいげんそうご》する（自分にはふさわしくない、大きなことを言う）のではなく、自分の持ち場、つまりは自分の責任を持たされている範囲のなかで、真心《まごころ》をすべて尽くして生きることが肝要だ、という*最澄《さいちょう》の教えです。

一隅を照らす、一つの隅《すみ》を照らすような行動を、まず自分がコツコツ続けたときに、その生き方に共鳴して、私もがんばりたい、私も真心を傾けて行動したいという人が現われはじめる。こうして共鳴される人が、二人になり、三人になり、と広がっていって、やがて万の燈火《ともしび》となって国を照らしていく、という意味です。

私は、この言葉にいつも勇気づけられます。

「自分のできることを、真心こめてやろう」

素直にそう思えるからです。

私は、夢に向かって挑戦していくことのできる子どもたちを、一人でも多く育てていくために、自分の持ち場で一隅を照らし続けていこう、と決意を新たにしています。

それぞれの地域で、それぞれの人たちが、〝一隅を照らす〟活動をしていったとき、生き生きとした子どもたちが、日本に、いえ、世界中に広がり、夢と希望に満ちあふれた素晴らしい地球社会になると思うのです。

私はそのときがくるのを、日々、夢見ています。

⊙
最澄　平安時代初期の僧（767〜822年）。比叡山・延暦寺を開き、天台宗を広める。「国宝（国家の宝）というのは、金銀財宝がいくらあるかということではなく、自分の持ち場において一隅を照らす人材を何人持っているかである」とも説いた。

刊行にあたって

「悪いのは子どもではない」――当会の創始者、公文公《くもんとおる》氏は、いつも子どもの側に立って語られていました。「もっといいものはいつもある」と、つねに自分を見つめ直し、子どもの可能性を探求し続けてきました。公文式の先生方、そして私たち社員は、公氏の思想、哲学を受け継ぎ、四〇年以上にわたり、たくさんの子どもたち、保護者の皆様から学び、ともに歩んでまいりました。

なかでも、著者、木全氏は、公氏の遺伝子を自らのものとし、当会の社員として直営教室を担当し、日々、人一倍熱い情熱と志をもって、子どもたちと真正面から向き合っています。「目の前の子どもを何とかして伸ばしたい」という木全氏の強い思いと日々の実践は、私の期待を遥かに超え、まるで、当会の創始者、公文公氏そのものではないかと思えるほどです。

本書は、木全氏が日々の教室での実践を通じて学んだことの集大成です。ここには、「具体的なわが子との接し方や言葉かけのアドバイス」のみならず、「木全氏の教育に対する考え方」や「公文式の思想、哲学」など、木全氏が日々、目の前の子どもたちの教育に徹底して取り組んできた過程で培った内容が盛り込まれています。その日々の実践、精進のなかから滲《にじ》み出た言霊《ことだま》は、一般の「子育て論」

を超越した「人生論」「人生読本」そのものではないかと思います。

学級崩壊、いじめ、不登校、学力低下、青少年犯罪……。子どもに関わる様々な問題が連日のように報道されています。そして、家庭でも地域でも多くの大人たちが、「今の子どもたちは一体どうなってしまったのだろうか。子どもたちへの教育をどうしたらいいのだろうか」と戸惑い、自信を失ってしまっています。今こそ、私たち大人は、親として、「わが子にとって本当に大事なことは何か」を真剣に考えることから始めなければなりません。

将来「自立と自己実現」を成し遂げ、どんな時代が来ても生き生きとした、すばらしい人生を送ることができるためには、子ども時代に〝生きる力〟を身につけておくことが何よりも大切なことです。そして、子どもたちが自分なりの夢や希望を持ち、それを実現しようとがんばるためにも、まずは私たち大人自身が変わらなければならないのです。「誰かが」ではなく「私たち一人ひとり」が〝生きる力〟を身につけ、生き生きとした元気な大人となり、わが子、そして地域の子どもたちとしっかり向き合うことから始めましょう。そのためにも、本書を「人生読本」として、日々の子育てにお役立ていただけることを私は心から願っております。

二〇〇一年　八月

公文教育研究会　代表取締役社長　杏中　保夫

あとがき

いま、日本の教育が混迷をきわめています。しかし、こと教育問題については、一億総教育評論家かと思うほど、皆がそれぞれの意見をおっしゃいます。ただ私は、「日本の子どもたちは〜」というふうに、子どものことをひとくくりにして話す一般論では、教育はよくならないと思うんです。

教育は、Aくん、Bちゃんという具体的な一人の子ども（それが親御さんの場合はわが子になるわけですが……）との真剣勝負のドラマがあって初めて意味をなすものです。「最近の子どもたちは」というように、複数形でしか子どもを見ることができない人が「教育はかくあるべき」と言ってみたところで、説得力を持たないのではないでしょうか。それは、目の前のゴミも拾おうとしない人が、環境問題について語ることと同じ感覚です。

また、人は正論に対しても、無条件に反省したり、行動を変えようと思うわけではありません。同じ話でも、ある人から聞くと反発を覚え、ある人から聞くと素直に反省したりしてしまうことは、だれしも経験ありますよね。この違いこそ、その人自身が現在進行形で成長し続けている人なのか、謙虚さを失い、成長がストップしている人なのかの違いだと思っています。つまり、成長し続けている人だけが、他人に良い影響を与えることができる、というのが私の考えです。昔、どんなに偉かった人であっても、いま成長が止まっているのであれば、他人に良い影響を与えることなどできません。だからこそ私は、一生涯成長し続ける人でありたいと思っています。

私にはたいした能力はありません。しかし、一人ひとりの子どものことを思い、全身全霊で教育に打ち込み、実践を積んでいることだけは自負できます。目の前にいる一人の子どもを伸ばしたいと必死になるので、面談・手紙・はがき・メール・メモなど、取れる通信手段すべてを駆使して、お母さんがたの悩みを聞き、情報交換して勇気づける努力をしてきました。子どもが思うように伸びないときは、恥も外聞も捨てて、どうすればその子を伸ばすことができるか、他人の意見に耳を傾けてきました。そうやって何年も指導させていただくうちに、最近つくづく感じるようになったのです。「結果的に、もっとも成長させていただいているのは私自身かもしれない……」と。

教育には「こうすればこうなる」というような方程式は存在しません。だからこそ、謙虚な気持ちで子どもに学び、ともに育っていくという精神が大切だと思うのです。本書のタイトルのなかにも入れた「共育」。まさに「教育とは共育」です。

本書が、読者の皆さんの子育て、教育を再考する一つのきっかけとなり、本気で子どもと向かい合うかたが、一人でも多くなることを心から望んでいます。

『銀《しろがね》も　金《くがね》も玉も　何せむに　勝《まさ》れる宝　子にしかめやも』（万葉歌人・山上憶良《やまのうえのおくら》）

これは、公文公さんも大好きだった歌ですが、この歌にあるとおり、どんな金銀財宝よりも子どもこそが宝です。その宝をどんどん磨き、育てあげ、次世代に引き継いでいくのは、われわれ大人のつとめではないでしょうか。健全で、夢と希望に満ちあふれた人材の育成こそが、明るく住みやすい地球社会の未来をつくります。「共育」で、子どもとともに育っていこうではありませんか。

本書が世に出るまでに、本当に何人ものかたにお世話になりました。

なかでも、くもん出版・編集者の加藤康さん、公文教育研究会の斉藤博幸さん、渡辺隆幸さんには、筆舌に尽くせないほどのご助言、叱咤激励をいただきました。さながら四銃士のごとく強い結束のもとで、本の完成のために、夜を徹して討論したり、メールで意見をぶつけ合えた経験は、私の人生において何ものにも変えがたい貴重な経験となりました。この場をお借りして、心から感謝の意を表したいと思います。

皆様からのご意見ご感想、心からお待ちしております。

二〇〇一年　八月　自宅にて

木全　徳裕

e-mail info@kumonshuppan.com

本書は、冊子『公文式の価値①』（一九九七年九月初版）および、冊子『公文式の価値②』（二〇〇〇年三月初版）を再構成し、大幅に改稿するとともに新たに原稿を加筆したものです。

だいじょうぶ！　「共育」でわが子は必ず伸びる
〝日々感動〟の実践から生まれた教育論

2001年9月10日　初版第1刷発行
2017年6月7日　初版第14刷発行

著　者　木全徳裕
発行人　志村直人
発行所　くもん出版
東京都港区高輪4─10─18　京急第1ビル13F
郵便番号　108─8617
電話番号　03─6836─0301（代表）
03─6836─0317（編集部直通）
03─6836─0305（営業部直通）
印刷所　精興社

NDC370　くもん出版　288P　18.8cm　2001年

ISBN 978-4-7743-0450-2　C 0037
落丁・乱丁がありましたらおとりかえいたします。　CD 34143

木全徳裕・著

なぜか気持ちが楽になる子育ての本

うれしい！ わが子の成長が見えてくる

著者の豊かな経験とあたたかい視線が会話体の文章から伝わり、子育てに、はげましと勇気がもらえる本。

――「今日できなくても、また、明日やってみたらいいやん」と思える本で、読んでいてうれしい気持ちになった。

――娘たちが幼かったころ、毎日のように公園へ行った道、風景がなつかしく思い出されました。

「えらいねえー」とだきしめてみました。

そうしたら幼子のようにだきついてくる中3の娘。何歳からでも子育てのスタートはできますね。

〈読者の声から〉